Sisi
und das
Salzkammergut

Katrin Unterreiner

Sisi
und das
Salzkammergut

styria premium

Inhalt

Vorwort

Am 16. August 1853 fand in der kleinen Kurstadt Ischl im Salz-kammergut eine Begegnung statt, die nicht nur Geschichte schrieb, sondern auch die gesamte Region veränderte und bis heute prägt: Franz Joseph verliebte sich Hals über Kopf in seine Cousine Sisi und verlobte sich drei Tage später mit ihr. Die Mutter des Kaisers, Erzherzogin Sophie schenkte dem Braut-paar eine Villa in Ischl, die nicht nur zur privaten Sommerfri-scheresidenz, sondern zum geliebten Familienrefugium wurde und damit wesentlich zur Entwicklung der Region beitrug. Dass der Kaiser das Ausseerland liebte, ist hinlänglich bekannt, doch wie war das Verhältnis der Kaiserin zum Salzkammergut? Wie und womit verbrachte sie ihre Aufenthalte in Ischl und wie sah ihr Alltag aus?

Das vorliegende Buch geht diesen Fragen nach und lädt zu einer Spurensuche der Kaiserin im Salzkammergut ein, die sie von einer ganz neuen Seite zeigt: als ehrgeizige Bergsteigerin, gut gelaunt, unkapriziös und humorvoll. Bislang eher unbekannte Details wie etwa ihr Flirt mit einem Kurgast in Gastein oder ihre Rolle als „Postillon d'amour" rund um die Verbindung ihrer Tochter mit ihrem späteren Ehemann Erzherzog Franz Salvator, die schließlich mit der Hochzeit in Ischl einen glück-lichen Ausgang fand, lassen die Kaiserin in einem neuen Licht erscheinen.

Was seinen Anfang in Ischl nahm, endete hier auch: Als sich Elisabeth am 15. Juli 1898 am Bahnhof in Ischl ungewöhnlich emotional von Franz Joseph verabschiedete, ahnte niemand, dass sich das Kaiserpaar zum letzten Mal gesehen hatte ...

Katrin Unterreiner

Kaiserin Elisabeth, Foto von Franz Hanfstaengl, 1859.

„Sie war so hübsch und anmutig ...“

Verlobung in Ischl

Gleich ihr erster Aufenthalt im Salzkammergut war ein entscheidender, der mit einem Schlag ihr gesamtes Leben verändern sollte. Denn was wie ein harmloser Familienausflug zum Geburtstag des kaiserlichen Cousins begonnen hatte, endete in der für die fünfzehnjährige Prinzessin Elisabeth in Bayern völlig überraschenden Verlobung mit dem Kaiser von Österreich. Doch wieso fand diese bedeutende Begegnung und Entscheidung ausgerechnet in einer kleinen Kurstadt im Salzkammergut statt?

Das Salzkammergut spielte seit dem dritten Jahrzehnt des 19. Jahrhunderts als zunehmend beliebte Sommerfrische sowie Kurregion eine wichtige Rolle bei den Habsburgern. Der Aufstieg Ischls zur fixen Sommerresidenz der kaiserlichen Familie ist jedoch ursprünglich Erzherzogin Sophie zu verdanken. Die Tochter des bayerischen Königs hatte 1824 Erzherzog Franz Karl geheiratet, der zwar „nur“ der jüngere Bruder des Thronfolgers und späteren Kaisers Ferdinand war, da Ferdinand jedoch schwerer Epileptiker war und keine Thronerben in Sicht waren, durfte sie sich berechtigte Chancen ausrechnen, einmal selbst Kaiserin – oder zumindest die Mutter des künftigen Kaisers – zu werden. Als sie jedoch nach sechs Ehejahren fünf Fehlgeburten erlitten hatte, empfahlen die Hofärzte 1829 schließlich eine Solebäderkur im neuen Kurort Ischl. Und tatsächlich folgte dieser Solekur in Ischl am 18. August 1830 die heiß ersehnte Geburt des potentiellen Thronfolgers Franz Jo-

Das jung vermählte Kaiserpaar um 1854.

seph, vier weitere Kinder – Ferdinand Max, Karl Ludwig, Maria Anna und Ludwig Viktor – sollten noch folgen. Doch Dankbarkeit und familiäre Verbundenheit waren nicht die einzigen Gründe für Sophie, Ischl als traditionelle Sommerfrische ihrer Familie zu etablieren. Bei ihren fünf Kuraufenthalten hatte sie die Region kennen- und lieben gelernt und ideale Voraussetzungen vorgefunden. Die Kinder konnten während der heißesten Wochen des Jahres fernab der Hitze Wiens in frischer Luft viel Zeit im Freien verbringen, die Umgebung lud zu Ausflügen und langen Spaziergängen ein und die Männer schätzten in erster Linie die wildreichen Jagdreviere. Daran änderte sich auch nichts, als Sophies ehrgeizige Pläne Realität wurden und ihr ältester Sohn Franz nach dem Thronverzicht Kaiser Ferdinands im Dezember 1848 neuer österreichischer Kaiser wurde. Ischl, das bereits vor Sophies Kur bei Aristokraten beliebt war, erfuhr als „Kaiserstadt" eine neuerliche Aufwertung und lockte zusätzlich zu Hofgesellschaft und Adel auch vermögende Großbürger sowie namhafte Künstler an. Somit war für gesellschaftliches Leben gesorgt und an den Abenden auch für erstklassige Unterhaltung – traten im Stadttheater doch die Granden des Burgtheaters auf oder konzertierten die berühmtesten Komponisten ihrer Zeit.

Vor allem Kaiser Franz Joseph liebte Ischl und freute sich auf jeden seiner Aufenthalte. 1852 schrieb er seiner bereits vorausgereisten Mutter: „Liebe Mama! ... Wenn nichts dazwischenkommt, hoffe ich am 17. morgens in Ischl einzutreffen ... Ich kann den Augenblick schon gar nicht mehr erwarten, der der schönste für mich seit langer Zeit sein wird ... Ich bitte Sie deshalb auch unterthänigst, den Moment meiner Ankunft nicht zu frühe bekanntzugeben, da ich sonst unterwegs und in Ischl mit Empfängen sekkiert werde. Ich bringe mit: GM Kellner, O'Donell, Weckbecker, Königsegg."[1] Tagsüber gingen die Herren auf die Jagd, abends veranstaltete Sophie Diners und kleine Bälle. Nach seinem Kurzurlaub dankte der Kaiser seiner Mutter für

Vor dem Aufstieg zum sommerlichen Mittelpunkt des Habsburgerreichs: Ischl im Jahre 1811. Aquarell von Maria Susanna Laimer.

die schönen Tage, die er unendlich genossen hatte: „Liebe Mama! Tausend Dank für Ihren lieben Brief, den ich heute erhielt und der mir als erste Nachricht von Ihnen aus dem lieben Ischl unendlich wohl tat ... Wie sehr ich mich nach Ischl zurücksehne, können Sie sich denken, liebe Mama, denn ... (ich habe) wirklich nur angenehme Erinnerungen von dort mitgenommen, und diese Tage waren für mich die angenehmsten und ruhigsten im ganzen Jahre."[2]

Als Franz Joseph 21 Jahre alt wurde, begann seine Mutter, die nicht nur seine wichtigste Vertraute, sondern auch politische Beraterin war, eine geeignete Gemahlin für ihn zu suchen. Die künftige Kaiserin musste nicht nur katholisch sein, Sophie wünschte sich auch eine Verbindung mit einer deutschen Prinzessin. Doch die Hohenzollern waren an einer Verbindung mit den Habsburgern nicht interessiert und Prinzessin Sidonie von Sachsen war Franz Joseph nicht hübsch genug. So lud Sophie 1853 schließlich ihre Schwester Ludovika („Luise"), die mit Herzog Max in Bayern verheiratet war, mit ihren ältesten Töchtern, der 18-jährigen Helene („Néné") und 15-jährigen Elisabeth („Sisi") nach Ischl ein. Die bayerische Seitenlinie der

Wittelsbacher war zwar nicht erste Wahl für den Kaiser von Österreich, aber deutsch und katholisch. Dass nicht nur Helene, sondern auch Elisabeth eingeladen wurde, hatte zwei Gründe: Die Cousins und Cousinen hatten sich bis dahin erst einmal bei einem Familientreffen 1848 als Kinder kurz gesehen und lernten sich quasi „neu" kennen. Ischl bot als private Sommerfrische der Familie die ideale Kulisse für eine möglichst unverdächtige und familiäre Begegnung ohne höfische Etikette und strenges Hofzeremoniell. Und: Franz Joseph sollte die Wahl haben.

Ludovika und Sophie hatten vereinbart, die Kinder nicht in ihre Pläne einzuweihen, um ja keine angespannte Atmosphäre aufkommen zu lassen. Die Prinzessinnen sollten nicht eingeschüchtert sein, um ein möglichst „natürliches" Kennenlernen zu ermöglichen. Und Franz Joseph war überhaupt völlig ahnungslos, dass seine bayerischen Cousinen zu seinem Geburtstag anreisen würden. So fragte er kurz vor seiner Abreise nach Ischl seine Mutter, ob sein Cousin Albert von Sachsen, den er zur Gamsjagd eingeladen hatte, seine Frau (mit dazugehörigen Begleitpersonen) mitbringen könne. Offenbar hatte der Kaiser nur Jagdpläne und keine Ahnung vom geplanten Familientreffen, das er mit keinem Wort erwähnte.

So durften Sisi und Néné offiziell ihre Mutter ganz unverdächtig zum Geburtstagsfest ihres Cousins begleiten und ahnten nicht, dass die kommenden Tage ihr gesamtes Leben verändern sollten. Da sich ihr Vater Herzog Max durch seinen betont unhöfischen Lebensstil bei Sophie äußerst unbeliebt gemacht hatte, wurde er sicherheitshalber nicht in die Heiratspläne eingeweiht und blieb daher auch in Possenhofen.

Elisabeth reiste das erste Mal ins Salzkammergut, kannte es aber aus Erzählungen ihres Vaters. Sie hatte zwar kein inniges Verhältnis zu ihrem Vater, war ihm aber in vielem ähnlich. Der volkstümliche Herzog liebte die Natur und war ein passionierter Reiter und Reisender. Sisi wuchs mit ihren sieben Geschwis-

Herzogin Ludovika (Luise) in Bayern mit ihren ältesten Kindern Ludwig, Helene und der neugeborenen Elisabeth.

tern frei und ungezwungen in München im Palais Max an der Ludwigstraße auf, die Sommer verbrachte die Familie auf Schloss Possenhofen am Starnberger See, abseits von Etikette, Zeremoniell und höfischen Zwängen. Sie liebte vor allem die Sommermonate in „Possi", wie Possenhofen in der Familie genannt wurde, wo sie mit ihren Geschwistern die meiste Zeit im Freien verbrachte. Dieses ausgelassene Privatleben war möglich,

Herzog Max in Bayern, der Vater Elisabeths, liebte Tanz und Musik und vor allem die Frauen.

da die Seitenlinie der Wittelsbacher, der ihr Vater angehörte, keine offizielle Funktion am Münchner Hof innehatte. Die Kinder galten als schlecht erzogen, da sie eher mit den Bauernkindern aus der Nachbarschaft als mit Adeligen spielten und bayerischen Dialekt sprachen. Die Ehe der Eltern war nicht glücklich, die Interessen und das Temperament der beiden waren zu unterschiedlich. Ludovika kümmerte sich mit Hingabe um ihre Kinder, Herzog Max hielt hingegen wenig von trautem Familienleben und verbrachte die meiste Zeit mit seinen Geliebten und unehelichen Kindern – und seinen Hobbys: Reisen, Musik, gesellige Runden im bürgerlichen Freundeskreis, Kegelabende und Zirkusvorführungen. Mit 27.000 Büchern hatte er eine der umfangreichsten Privatbibliotheken seiner Zeit und sammelte auch Volksliedstücke. 1846 gab er seine „Sammlung oberbayerischer Volksweisen und Lieder" heraus und korrespondierte u. a. mit dem Schriftsteller und Burgtheaterautor Alexander Baumann, der 1848 von Herzog Max inspiriert den Volksliedband „Gebirgsbleameln" veröffentlichte. Da Baumann auch einer der ersten Sommergäste des Ausseerlandes war, berichtete er dem Herzog immer wieder begeistert von seinen Sommeraufenthalten mit Freunden und seiner Geliebten, der Schauspielerin Mathilde Wildauer, auf der Vordernbachalm oberhalb von Gößl. Er schilderte die Jagden und vor allem die geselligen Abende mit Tanz und Zithermusik – was dem begeisterten Zitherspieler Max besonders gut gefiel.

Auch wenn er kein ständig präsenter Vater war, prägte Herzog Max seine Kinder in vieler Hinsicht. Sie lernten von ihm die Liebe zur Natur und die Freude an körperlicher Bewegung, was vor allem für Mädchen damals absolut unüblich war. Während andere Mädchen ihres Alters und Standes Sticken, Nähen, Tanzen, Musizieren, Fremdsprachen und Konversation lernten, tollten Sisi und ihre Geschwister im Sommer den ganzen Tag im Freien herum und gingen reiten, schwimmen, fischen, rudern und bergsteigen. In den Augen der Wiener Hofgesellschaft waren die Kinder jedoch verwildert und hatten keine höfischen Umgangsformen – besonders schockiert zeigten sich die Hofdamen offenbar von den lockeren Tischsitten. So berichtete Therese Landgräfin Fürstenberg nach einem Besuch in Possenhofen entsetzt über Sisis Mutter, dass sie „mit ihren Hunden lebt, stets welche auf dem Schoß neben sich oder unterm Arm hat und auf den Eßtellern Flöhe knaxt! Die Teller werden aber gleich gewechselt!"[3] Weniger schockiert zeigte sich allerdings einige Jahre später Elisabeths Hofdame Marie Gräfin Festetics: „Das Haus ist einfach, aber gut geführt, sauber, nett, gute Küche, ich fand keinen Prunk, es ist alles wohltuend altmodisch, aber vornehm und nichts von einer Bettelwirtschaft, wie meine Colleginnen von einst und jetzt vorerzählten."[4]

Im Sommer 1853 hatte Sophie wie seit einigen Jahren wieder das Haus des Ischler Bürgermeisters Wilhelm Seeauer an der Esplanade Nr. 10 (ab 1878 „Hotel Austria" und seit 1989 Museum der Stadt Bad Ischl) angemietet, was alleine schon für eine private Atmosphäre sorgte. Für ihre bayerische Verwandtschaft hatte sie im danebenliegenden „Hotel Tallachini" (heute das Wohnhaus „Residenz Elisabeth") Zimmer angemietet.

Folgender Brief Sophies an ihre Schwester Marie von Sachsen beweist, dass sie weder wie oft behauptet Néné als Braut für ihren Sohn auserkoren hatte, noch, dass sie gegen die Wahl ihres Sohnes war – im Gegenteil, Sophie war von Sisi begeistert und schilderte den entscheidenden Moment folgendermaßen:

„Luise (die Schwester der Erzherzogin Sophie) wollte erst am Abend des 16. eintreffen, während unsere ganze Gesellschaft noch spazieren ging. Elise [Schwester der Erzherzogin Sophie] und die anderen machten einen Ausflug in die Ramsau am Ufer der Traun und ich ging mit Bubi (Erzherzog Ludwig Viktor) und Paula (Gräfin Königsegg), um Luise außerhalb von Strobl zu erwarten, bei einem hübschen Bauernhof, dessen Leute ich sehr gerne habe. Erst nach anderthalb Stunden kam Luise mit einer furchtbaren Migräne an, die sie genötigt hatte, erst um 9 Uhr, statt um 7 Uhr von Traunstein abzureisen. Sie musste sich selbstverständlich auch in Salzburg bei Louis, Therese und Charlotte (Stiefschwester der Erzherzogin, Witwe des Kaisers Franz) aufhalten. Die Frauen [Gefolgsdamen] und das Gepäck, alles blieb zurück. Ich schickte deshalb Bubi gleich bei der Ankunft im Hotel, um Sophie (die Kammerfrau) zu holen mit einigen Kämmen, damit sich die Mädchen doch wenigstens die Haare richten könnten. Und mit innigem Wohlgefallen sah ich zu, wie Sisi ihre Haare selbst ordnete, mit einer Anmut und Grazie in allen ihren Bewegungen, die Sophie wie auch mich entzückte. Desto mehr, da sie sich so gar nicht bewusst war, einen so angenehmen Eindruck hervorgebracht zu haben. Trotz der Trauer, die Luise und ihre Töchter wegen des Besuches bei Therese hatten tragen müssen, war Sisi reizend in ihrem ganz einfachen, hohen, schwarzen Kleid, so daß ich Luise beredete, mit ihren Töchtern den Tee bei mir zu nehmen; und nachdem sie sich dazu entschlossen hatte, richtete ich es so ein, daß die Suiten, die mit uns zum Tee in meinen Salon gekommen, sich ins Speisezimmer zurückziehen konnten, während wir alle in mein Toilettezimmer gingen, um dort Luise und ihre zwei Töchter anzutreffen. Mein Karl (Erzherzog Karl Ludwig), der ein sehr guter Beobachter ist, sagte mir, daß in dem Augenblick, als der Kaiser Sisi erblickte, ein Ausdruck so großer Befriedigung in seinem Gesicht erschien, daß man nicht mehr zweifeln konnte, auf wen seine Wahl fallen würde. Er strahlte, und du

Im Schloss Possenhofen am Starnberger See verbrachte Elisabeth mit ihrer Familie die Sommermonate.

weißt wie sein Gesicht strahlt, wenn er sich freut. Die liebe Kleine ahnte nichts von dem tiefen Eindruck, den sie auf Franzi gemacht hatte. Bis zu dem Augenblick, da ihre Mutter ihr davon sprach, war sie nur von Scheu und Schüchternheit erfüllt, die ihr die so vielen sie umringenden Menschen einflößten."[5] Franz Joseph hatte innerhalb von Sekunden seine Wahl getroffen und sich Hals über Kopf in Sisi verliebt: „Am Morgen des 17. kam der Kaiser zu mir, kaum dass ich aufgestanden war, und sagte mir mit strahlender Miene, dass er Sisi reizend fände." Sisi bemerkte davon allerdings nichts, da sie wegen ihres ersten großen gesellschaftlichen „Auftritts" – dem tags darauf stattfindenden Diner mit anschließendem Ball – aufgeregt war. Sophie schilderte die Nervosität der schüchternen Fünfzehnjährigen, die vor lauter Aufregung nichts essen konnte, was Sophie jedoch als besonders charmant und anziehend empfand: „... und sie sagte zu Kadi (der Kammerfrau): ‚Die Néné hat es gut, denn sie hat schon so viele Leute gesehen, aber ich nicht. Mir ist so bang, daß ich gar nicht essen kann' ... Aber wie gut stand ihr

War vom Charme ihrer fünfzehnjährigen Nichte Sisi sofort begeistert: Erzherzogin Sophie, Lithografie von Joseph Kriehuber.

diese Verlegenheit und diese Schüchternheit! Und sie war so hübsch und anmutig dabei!"[6]

Am Abend des 17. August fand der Ball statt, der eine erste Entscheidung bringen sollte – Sophie schwärmte: „Charlotte kam am 17. abends an und erschien um ½ 9 Uhr auf dem Ball, wo Sisi in einem weißrosa Tarlatankleid entzückend aussah. In ihren schönen Haaren hatte sie einen großen Kamm stecken, der die Zöpfe rückwärts zurückhielt; sie trägt die Haare nach der Mode aus dem Gesicht gestrichen. Die Haltung der Kleinen ist so anmutsvoll, so bescheiden, so untadelig, so graziös ja beinahe demutsvoll, wenn sie mit dem Kaiser tanzt. Sie war wie

eine Rosenknospe, die sich unter den Strahlen der Sonne entfaltet, als sie neben dem Kaiser beim Kotillon saß. Sie erschien mir so anziehend, so kindlich bescheiden und doch ihm gegenüber ganz unbefangen. Es waren nur die vielen Menschen, die sie einschüchterten, weil sie noch nie in der großen Welt erschienen, so konnte sie auch nicht die Tragweite der Aufmerksamkeit ermessen."[7] Entgegen seiner Gewohnheit ließ Franz Joseph die ersten Tänze zwar aus, hatte aber nur noch Augen für Sisi. Dem mit dem Kaiserhaus engstens verwandten Hugo Freiherr von Weckbecker, der später auch Franz Josephs Flügeladjutant werden sollte, fiel der verliebte Kaiser als Erstem auf. In seinem Tagebuch notierte er, dass Sophie ihn gebeten hatte, mit Sisi zu tanzen, da die schüchterne Prinzessin für ihr Debüt eines sicheren Führers bedürfte. Dabei bemerkte er, dass der Kaiser „nur Augen für die entzückende Prinzessin Elisabeth" hatte.[8] Nach dem Tanz flüsterte Hugo Weckbecker dem Flügeladjutanten O'Donnell zu: „Mir scheint, ich habe jetzt mit unserer künftigen Kaiserin getanzt." O'Donnell, der die eindeutigen Blicke des Kaisers ebenfalls bemerkt hatte, antwortete: „Ich glaube das auch beinahe mit Gewissheit."[9]
Der Kaiser tanzte erst den Kotillon mit Sisi und überreichte ihr danach sein Bouquet – ein Zeichen, das alle verstanden. Der Kaiser hatte seine Wahl getroffen und wollte nun nicht mehr zuwarten.
Am nächsten Tag, dem 18. August, wurde Franz Josephs Geburtstag mit einem Déjeuner gefeiert, danach unternahm die Familie einen Ausflug nach St. Wolfgang, bei dem sich das Paar näherkommen konnte. Sophie: „Am 18. war leider schlechtes Wetter, aber es war vielleicht günstig, da sich der Kaiser um so mehr seiner jungen Liebe widmen konnte." Der Ausflug fand wegen des schlechten Wetters in einer geschlossenen Kutsche statt und Sophie konstatierte: „Er muß sie wohl sehr gern haben, daß er es so lange in der geschlossenen Kalesche ausgehalten hat! … Du kannst Dir wohl denken, daß meine Augen

auch beschäftigt sind, Sisi zu betrachten, und sie ruhen mit Wonne auf diesem so glücklichen Paar, das sich so liebt und auf so reizende Art; es ist eine Augenweide, das Glück und die Harmonie zu sehen, die aus ihnen strahlt."[10]
Franz Joseph wollte nun auf keinen Fall mehr zuwarten und bei Ludovika um Sisis Hand anhalten. Vorher bat er jedoch seine Mutter um einen Gefallen: „Nach der Promenade kam der Kaiser zu mir, und ich bemerkte, daß er etwas auf dem Herzen habe und mit mir sprechen wollte. Ich frug ihn, ob er etwas zu sagen habe. Er antwortete: ‚Ja sehr, ja sehr!' Scherzend schickte ich Bubi ins andere Zimmer und da sagte er, ich möge Luise bitten, Sisi auszuforschen, ob sie ihn haben wolle, ‚aber', setzte er mit seiner gewohnten Bescheidenheit dazu, ‚bitten Sie sie, daß sie keinerlei Druck auf ihre Tochter ausüben wolle'".[11]
Franz Joseph war es ein großes Anliegen, dass sich Sisi frei entscheiden könne: „... meine Lage ist so schwer, daß es weiß Gott keine große Freude ist, sie mit mir zu teilen."[12]
Sophie lud also ihre Schwester zum Tee ein und teilte ihr die Entscheidung bzw. den Wunsch ihres Sohnes mit. Ludovika war gerührt und überglücklich, da sie bis zuletzt daran gezweifelt hatte, dass sich der Kaiser von Österreich – auch wenn er ihr Neffe war – für eine ihrer Töchter entscheiden würde. Aber auch Sophie war offensichtlich gerührt, ihren Sohn so verliebt zu sehen: „Am Abend konnte ich es mir nicht versagen, im Vorübergehen Elise und den Brüdern zu sagen: ‚Ich bin ja so glücklich!'"[13]
Nun ging es daran, Sisi zu informieren. „Als Luise von den Absichten des Kaisers zu Sisi sprach, wurde diese ganz ergriffen und schaute ihre Mutter mit ihrem innigen Blick so an, so strahlend und bezaubernd und mit ihrem verführerischen Lächeln; und als die Mutter frug, ob sie ihn lieben könnte, sagte sie: ‚Wie soll man d e n Mann nicht lieben können?' Dann brach sie in Tränen aus und versicherte, sie würde alles tun, um den Kaiser glücklich zu machen und für mich das zärtlichste Kind zu sein.

Im Hotel Tallachini in Ischl fand am 19. August die Verlobung des Kaiserpaares statt. Anton Schiffer, um 1850.

‚Aber', sagte sie, ‚wie kann er nur an mich denken? Ich bin ja so unbedeutend!' Dieses Wort beweist wohl, daß sie es nicht ist.[14] Sisi war völlig überrascht und hatte mit Franz Josephs Antrag überhaupt nicht gerechnet. Auch wenn sie sich geschmeichelt fühlte und zaghaft verliebt zeigte, wurde ihr langsam klar, was diese Ehe für sie bedeuten würde, und vertraute sich an diesem Abend noch ihrem Kammermädchen an: „Ich habe den Kaiser so lieb! Wenn er nur kein Kaiser wäre!"[15]

Tags darauf erschien der Kaiser im Hotel bei Sisis Mutter, die ihm ihre Freude bezeugte, „und dann auf Sisi zueilend, fielen sich die beiden in die Arme"[16]. Ludovika zog sich diskret zurück und schilderte in einem Brief an ihre Nichte Auguste von Bayern: „Ich ließ ihn mit Sisi allein, denn er wollte selbst mit ihr reden, und als er wieder zu mir heraustrat, sah er recht zufrieden, recht heiter aus, und sie auch, wie es einer glücklichen Braut ziemt."[17]

Nun war alles klar. Ludovika informierte per Telegramm ihren Gemahl, der bis zu dem Zeitpunkt keine Ahnung hatte, welch weitreichende Entscheidung gerade in Ischl gefällt worden war,

Erinnerungsbild an die Verlobung Franz Josephs mit Elisabeth.
In der Mitte ist der Gasthof „Alte Post" in Hallstatt dargestellt,
auf dessen Terrasse das Brautpaar am Verlobungstag im Kreise
der Familie eine Jause einnahm. Herma Schlechter, nach 1853.

und Sophie meldete ihrer Cousine und Freundin Prinzessin
Amala von Wasa: „Seit heute früh 8 Uhr ist unser heiß geliebter
Franzi der unaussprechl. strahlend, glückliche Bräutigam der
lieblichen Sisi, die gar zu lieb, innig u. glücklich u. gerührt ist
u. immer voller heißer Tränen über ihrem lieblichen Gesicht …
mein guter Mann, Luise, wie alles, Herren und Damen, sind se-
ligst weinen und heulen …"[18]

Vom Hotel spazierte das junge Paar Arm in Arm zur Esplanade, wo sie bei Sophie frühstückten, anschließend ging die Familie gemeinsam in die Pfarrkirche, wo Sisi als Braut des Kaisers gesegnet wurde. Danach fuhren alle nach Hallstatt, wo im Gasthof „Alte Post" ein familiäres Essen stattfand und die gesamte Familie war gerührt beim Anblick des jungverliebten Paares. Vor allem Elise meinte gerührt: „Es ist so schön, ein so junges Glück in einer so wunderbaren Landschaft."[19] Als es bei der Rückfahrt kühl wurde, legte Franz Joseph Sisi, die nur einen dünnen Mantel trug, seinen Militärmantel um die Schultern und hüllte sie „sorgsam und liebevoll damit ein. Und ich [Erzherzogin Sophie] hörte noch, wie er ihr sagte: ‚Ich kann dir gar nicht sagen, wie glücklich ich bin.'"[20]

Am Abend war Ischl von zehntausenden Kerzen und Lampen in den österreichischen und bayerischen Farben erleuchtet, auf dem Siriuskogel wurden mit Lampen die Initialen des Brautpaares von einem Brautkranz umgeben in den Himmel gezeichnet und die Ischler jubelten dem Brautpaar begeistert zu.

Es folgten nun glückliche Tage, Franz Joseph strahlte, Sisi war zwar noch schüchtern, genoss aber die Stunden, die sie mit ihrem Verlobten verbringen konnte. Sophie schilderte in einem Brief an ihren Sohn Ferdinand Max: „Die Liebe des Brautpaares steigerte sich in der letzten Stunde der Maaßen, daß Du es gar nicht glauben kannst!! Einmal, während ich im Nebenzimmer mit Luise auf dem Sopha saß, sagt sie plötzlich ‚aber jetzt geht's da drinnen zu', da standen beide mit einem langen Kuß beschäftigt u. sich fest umschlingend wie Max Piccolomini u. Thecla"[21] [aus dem Theaterstück Wallenstein].

Am 31. August begleitete Franz Joseph Sisi noch nach Salzburg, wo sich das Paar, das „so zärtlich miteinander"[22] war, vorerst verabschieden musste. Damit ging der „göttliche Ischler Séjour" – wie ihn Franz Joseph nannte – zu Ende.

Elisabeths Weg zur Kaiserin war nun vorbestimmt – ein Weg, der sie auch immer wieder ins Salzkammergut führen sollte.

„Im irdischen Himmel …"

Die Kaiservilla in Ischl

Bereits kurz nach der Verlobung kaufte Sophie die ehemalige Villa des Wiener Notars Dr. Josef August Eltz in Ischl und schenkte sie 1854 mit den dazugehörigen Gründen dem frisch vermählten Kaiserpaar zur Hochzeit. Die Lage sollte dazu beitragen, dass sich die Familie hier besonders wohl fühlte. Das Grundstück reichte bis zum Jainzen, einem bewaldeten, wildreichen Berg nördlich von Ischl, dessen Ausläufer mit sanften Wiesen vor der Kaiservilla endeten. So war das Areal ebenso ideal für Jagden wie für ausgedehnte Spaziergänge und erfüllte damit alle Voraussetzungen seiner neuen Besitzer.

Die Villa, die ursprünglich aus dem Mitteltrakt mit Portikus bestand, wurde auf beiden Seiten um zwei Flügel erweitert und zur heutigen Kaiservilla umgebaut.

Das Kaiserpaar kam erstmals im August 1854 – vier Monate nach seiner Hochzeit – in die neue Villa und feierte hier auch den Jahrestag der Verlobung. Um Elisabeth eine Freude zu machen, hatte Sophie ihre Eltern und Geschwister eingeladen – vor allem aber wollte sie unbedingt, dass das Kaiserpaar, das sich durch Franz Josephs Reisen länger nicht gesehen hatte, diesen Tag gemeinsam verbrachte: „Schon den 16ten, an dem er Sisi im vorigen Jahr zum ersten Mal sah, möchte ich sie vereinigt wissen, u. auch meine gute Sisi würde es beglücken. Sie ist bei-

1854 erwarb Erzherzogin Sophie das ehemalige Anwesen des Notars Dr. Elz in Ischl, das sie dem jungvermählten Kaiserpaar schenkte. Nach dem Umbau zur privaten Sommerresidenz blieb die „Kaiservilla" für die ganze Familie Rückzugsort und sommerliches Familienrefugium, wo auch jedes Jahr Franz Josephs Geburtstag gefeiert wurde.

nahe noch hübscher u. lieblicher hier u. so heiter, dass sie oft recht herzlich lacht …"[23] Grund zu feiern gab es genug, denn die Kaiserin war erstmals schwanger und sollte sich in der „Alpenluft" erholen. Der Tag der Verlobung wurde ebenfalls gebührend gefeiert und Sophie berichtete ihrem Sohn Karl Ludwig: „An seinem lieben Geburtstag fuhr er gegen 11 Uhr Nachts nach Ebensee … nachdem er noch Sisi in die Villa begleitete u. ihr ein superbes Armband mit einem großen Saphir gegeben hatte in der Stunde, in welcher im vergangenen Jahr ihre Mutter ihr seine Wünsche ausgesprochen hatte …"[24]

Die Erinnerung an diese glücklichen Stunden war sicherlich mit ein Grund, dass das Kaiserpaar von nun an regelmäßig ins Salzkammergut kam und hier traditionell den Geburtstag des Kaisers bzw. seine Verlobung feiern sollte.

So unwohl sich Elisabeth von Beginn an in ihrer Rolle als Kaiserin fühlte, so sehr sie Zeremoniell, Etikette und Repräsentation hasste und sich vor allem am Wiener Hof eingeengt und eingesperrt fühlte – so frei fühlte sie sich in ihren privaten Refugien. Sie liebte die Natur und die Einsamkeit und da sie in Ischl beides finden konnte, verbrachte sie hier jedes Jahr einige Wochen, liebte ausgedehnte Spaziergänge auf den Jainzen, den sie ihren „Zauberberg" nannte, sowie Bergtouren auf die Gipfel der Umgebung. Hier fühlte sie sich ungezwungen und unbeobachtet, konnte ihren Bewegungsdrang ausleben und ungestört ihren Interessen nachgehen.

So wurde die Kaiservilla in Ischl zur privaten Lieblingsresidenz des Kaiserpaares und zum sommerlichen Rückzugsort, in den der Kaiser mit seiner Familie „aus der papierenen Schreibtischexistenz mit ihren Sorgen und Mühen", wie es Franz Joseph formulierte, fliehen konnte. Hier „im irdischen Himmel" konnten beide die wenigen Tage, die sie ungestört mit der Familie in der Natur verbringen konnten, besonders genießen.

Denn auch wenn das Kaiserpaar völlig unterschiedliche Interessen hatte – eines verband sie zeit ihres Lebens: die Liebe zur

Natur und zu den Bergen. Daher führten sie vor allem in den ersten Jahren ihrer Ehe ihre privaten Reisen auch immer wieder ins Salzkammergut. Die erste größere gemeinsame Bergtour stand 1856 auf dem Programm, als das Paar ohne großes Zeremoniell im September durch die Steiermark und Kärnten reiste. In Lederhose und Lodenkostüm, Bergschuhen und Bergstock machten sie wie einfache Touristen einige Bergwanderungen. Von Heiligenblut aus unternahmen sie auch eine Tour zum Großglockner. Elisabeth, die erst wenige Wochen davor ihre zweite Tochter Gisela geboren hatte, wanderte bis zum heutigen Glocknerhaus, von wo aus man die Pasterze und den Glocknergipfel sehen konnte. Der Aussichtsplatz wurde ihr zu Ehren „Elisabethruhe" genannt, Franz Joseph stieg weiter bis zur „Franz Josephs Höhe".

In den ersten Jahren verbrachte das Kaiserpaar seine Aufenthalte in Ischl jedoch noch ohne die Kinder, die erst ab 1865 mit ihren Eltern nach Ischl reisten. Bis dahin hatten die 1857 geborene Gisela und der 1858 geborene Kronprinz Rudolf die Som-

Die große Leidenschaft des Kaisers: Franz Joseph mit einer Jagdgesellschaft am Offensee nahe Ischl im Herbst 1864, Lithografie nach einem Gemälde von Joseph Kriehuber.

Erzherzogin Marie Valerie um 1873, Fotografie von Emil Rabending.

mermonate in Begleitung ihrer Erzieher in Reichenau an der Rax verbracht und von ihren Eltern nur Besuche erhalten. Abgesehen davon, dass die Umbauten erst ab Mitte der 1860er-Jahre abgeschlossen waren, mag es auch daran liegen, dass Ischl vor allem Sophies bevorzugter Sommerfrischeort war und Elisabeth in den ersten Jahren ihrer Ehe versuchte, ihrer dominanten Schwiegermutter aus dem Weg zu gehen.

Die viel zitierte Feindschaft mit ihrer Schwiegermutter – vor allem, dass Sophie versucht hätte ihr die Kinder wegzunehmen – muss zwar ins Reich der Legenden verwiesen werden, dennoch hatte es am Beginn ihrer Ehe immer wieder Konflikte und Auseinandersetzungen gegeben. Die Erzherzogin war daran gewöhnt, dass man sich bei Hof ihren Vorstellungen unterordnete und Franz Joseph hatte diese Position seiner Mutter nie in Frage gestellt. Daher verbrachte Elisabeth in den ersten Jahren mehr Zeit in Neuberg an der Mürz, wo auch Franz Joseph – der ja die meiste Zeit in Wien weilte – schneller und daher öfter bei ihr sein konnte. Andererseits mag diese Trennung der Kinder von ihren Eltern auch an der langen Abwesenheit Elisabeths liegen, die nach Rudolfs Geburt beinahe zwei Jahre fern von Wien und ihrer Familie versuchte sich zu erholen. Die Kaiserin hatte in den ersten vier Jahren ihrer Ehe drei Kinder zur Welt gebracht, ihre älteste Tochter Sophie war mit nur zwei Jahren verstorben, die Geburt des Kronprinzen äußerst schwierig verlaufen und sie erholte sich nur langsam. Zusätzlich fühlte sie sich von Franz Joseph im Stich gelassen, der mit politischen

Problemen zu kämpfen hatte und wenig Zeit mit seiner Familie verbrachte. Da bot eine Krankheit einen willkommenen Grund für eine längere Abwesenheit. Ob Elisabeth tatsächlich ernsthaft erkrankte bzw. an welcher Krankheit sie wirklich litt, lässt sich nicht eindeutig feststellen; die Kaiserin hustete zwar, aber von einer schweren Lungenerkrankung war zumindest von ärztlicher Seite zunächst keine Rede – dennoch wurde vom Lungenspezialisten Dr. Skoda ein Kuraufenthalt empfohlen. So reiste die Kaiserin nach Madeira, wo sich neben ihrem Husten auch ihr melancholischer Zustand, der sie in Wien geprägt hatte, verbesserte. Elisabeth, die sich bis dahin immer zurückgesetzt gefühlt hatte, stand hier nun erstmals im Mittelpunkt ihrer Umgebung und gewann an Selbstvertrauen. Nach sieben Monaten auf Madeira wurde Elisabeth allerdings unruhig und beschloss abzureisen – allerdings nicht nach Wien, sondern sie begab sich

Erzherzogin Gisela und Kronprinz Rudolf vor ihrem Spielhäuschen in Reichenau an der Rax, Fotografie von Ludwig Angerer vom 21. 8. 1861.

Am Fuße des Jainzen gelegen, wurde die Kaiservilla zum Ausgangspunkt für zahlreiche Wanderungen Sisis. Ansichtskarte aus dem Jahre 1899.

auf eine ausgedehnte Mittelmeerreise, die sie bis nach Griechenland führen sollte. Bei ihrer Abreise aus Madeira schrieb sie: „Jedes Schiff, das ich wegfahren sehe, gibt mir die größte Lust, darauf zu sein, ob es nach Brasilien, nach Afrika oder ans Kap geht, ist mir einerlei, nur nicht so lange auf einem Fleck sitzen …"[25] – womit sie bereits ihr künftiges Lebensmotto definiert hatte.

Als Elisabeth nach zweijähriger Abwesenheit zurückkehrte, war eine tiefgreifende Verwandlung vor sich gegangen. Aus dem anmutigen, aber schüchternen Mädchen war eine selbstbewusste Frau geworden. Elisabeth hatte die Macht ihrer Schönheit erkannt und nützte sie von nun an für ihre Interessen.

Der Preis dafür war allerdings, dass sie nach der langen Zeit ihren Kindern entfremdet war. Elisabeth bemühte sich zwar um ein harmonisches Familienleben – was vor allem Erzherzogin Sophie stets betonte –, dennoch konnte sie diese Jahre nie mehr nachholen und hatte ab diesem Zeitpunkt ein eher distanziertes Verhältnis zu ihren älteren Kindern. So schilderte Sophie den ersten Weihnachtsabend, den die gesamte Familie nach drei Jahren erstmals wieder gemeinsam feierte, folgendermaßen: „Um 7 Uhr ist die Bescherung bei Sisi, einer ihrer großen Momente, da sie sehr gerne u. sehr großmüthig giebt u. alles geschmackvoll anordnet … Der Abend war wieder recht beglückend, die Kinder zu lieb unten bei ihren Eltern zuerst in freudiger kindlicher Erwartung u. dann so wohlthuend durch ihre innige Freude, Gisela recht mädchenhaft still geschäftig, sich freuend, Rudolph lebhaft u. munter; bald blies er auf- und abgehend ein Waldhorn, bald eine Trompete und eine Burgpfeife, bald trommelte er, einen Turban auf dem Kopf, den er zwei mal gehorsam abnahm, wenn ihn der gute Großpapa dazu ermahnte, da er schon ganz im Schweiß war. Immer rief er seinen Vater, ihm bei diesem u. jenem zu helfen, u. stets hatte er an ihm seine Freude u. sein Interesse. Gar zu rührend u. wohlthuend ist das Verhältnis zwischen Vater u. Sohn u. sehr erfreul. der Einfluß beider Eltern auf die Kinder …"[26] Elisabeth bemühte sich jedoch nicht, die Beziehung zu ihren Kindern wieder zu vertiefen, und überließ sie gänzlich der Obhut der Kinderfrauen „Wowo" und „Nono" sowie ihrer Schwiegermutter, die demnach zu einer Ersatzmutter für die Kinder wurde. Erst bei ihrer jüngsten Tochter, der 1868 geborenen Marie Valerie, sollte sie ihre Mutterrolle „nachholen".

Rudolf und Gisela hatten diese Zeit jedenfalls vor allem mit ihren Erziehern und Großeltern verbracht und waren daher im Sommer meist nach Reichenau an der Rax gebracht worden, da dies näher zu Wien lag, leicht erreichbar war und Franz Joseph so immer wieder kurz auf Besuch kommen konnte. Nach Ischl reiste er jedoch allein oder nur mit Elisabeth, da er die Zeit im Salzkammergut zumeist auf der Jagd verbrachte und man der Meinung war, dass die Kinder in Reichenau besser aufgehoben wären.

Erst als die Kinder größer waren, wurden sie auch nach Ischl mitgenommen, worüber sie unendlich glücklich waren. Vor allem Kronprinz Rudolf, der unter der langen Trennung von

*Familiendiner in Ischl mit Kaiser Franz Joseph, Kaiserin Elisabeth, ihrer
Tochter Marie Valerie, deren Mann Erzherzog Franz Salvator, ihrer*

Tochter Gisela und deren Mann Georg von Bayern sowie deren Söhnen
Leopold und Konrad. Zeichnung von Theo Zasche um 1890.

Kronprinz Rudolf in der Sommerreitschule der Kaiservilla.
Fotografie von Victor Angerer um 1869.

seinen Eltern besonders litt, war selig, endlich mehr Zeit mit
ihnen verbringen zu dürfen, und Sophie schrieb an ihren Sohn
Carl Ludwig über ihren Enkel: „Er ist den ganzen Tag in der
freien Luft u. findet Ischl viel schöner wie Reichenau …"[27]
Auch die neunjährige Gisela war glücklich und schrieb ihrer
Großmutter: „… Du hast völlig recht, Ischl ist ein kleines Paradies! Ich fühle mich hier sehr glücklich, ich sehe oft meine
liebe Mama und meinen Vater, wir spielen jeden Morgen …!"[28]
Diese Jahre scheinen die harmonischsten der kaiserlichen Familie gewesen zu sein. Franz Joseph erfüllte seiner Frau jeden
Wunsch und sie hatte nun die Freiheit ihr Leben selbst zu ge-
stalten. Hatte Elisabeth zu Beginn noch zu großen Respekt vor
ihrer mächtigen Schwiegermutter gehabt, begann sie sich nach
ihrer Rückkehr aus Madeira gegen Sophie aufzulehnen und
setzte sich auch in allen Bereichen gegen sie durch. Sie allein

entschied nun über ihr Leben und stellte ihre persönlichen Bedürfnisse vor jene, die ihre Rolle als Kaiserin verlangte. Ein Zeichen war sicherlich, dass Sophie ab Mitte der 1860er-Jahre nicht mehr in der Kaiservilla logierte, die sie ja dem Kaiserpaar geschenkt hatte, sondern nun immer die Villa Gries in der Frauengasse 4 anmietete und nur „auf Besuch" kam. Sophie hatte diesen Umstand nicht nur akzeptiert, sondern erwähnte ihn auch in keinem ihrer Briefe an ihre Söhne negativ. Im Gegenteil – sie war glücklich, dass das Familienleben nach den Turbulenzen, die Sisis lange Abwesenheit mit sich gebracht hatte, so harmonisch verlief und die Kinder überglücklich waren: „Als Papa u. ich vor Tisch sie besuchen wollten, fanden wir sie vor der Villa mit Sisi in Rud:'s Wägelchen mit den kleinen Eseln bespannt, die Rud:, Gis: neben sich, kutschierte. Die Kinder waren selig …"[29]

Im Unterschied zu ihren Geschwistern verbrachte Marie Valerie seit ihrer Geburt die Sommer in Ischl und wurde auch immer wieder bei Krankheitsepidemien in Wien zur Sicherheit nach Ischl gebracht. Da Elisabeth ihre jüngste Tochter im Gegensatz zu den älteren Kindern, zu denen sie wenig Bezug hatte, vergötterte, stets um sich hatte und ängstlich behütete, spielte der kaiserliche Leibarzt Dr. Widerhofer eine zentrale Rolle. Er entschied zumeist, in welcher klimatischen Umgebung sich Marie Valerie aufhalten sollte, und schickte sie auch immer wieder nach Krankheiten nach Ischl zur Erholung. Da Widerhofer, der bei Elisabeth großes Ansehen genoss, nicht nur die Genesung der Kaisertochter überwachte, sondern generell bei den meisten Aufenthalten der kaiserlichen Familie vor Ort war, schenkte ihm Franz Joseph eine Villa in Ischl, in der er im Jahre 1901 auch verstarb. Der „Dr.-Widerhofer-Weg" erinnert in Ischl heute noch an ihn.

So empfand vor allem Marie Valerie Ischl und die Kaiservilla als ihr eigentliches Zuhause und liebte die unbeschwerten Tage, die die Familie hier verbrachte.

„Gemütlich, ungezwungen und ganz intim ..."

Kaiserlicher Alltag in der Sommerfrische

Der Alltag der kaiserlichen Familie war in Ischl dadurch geprägt, dass er als rein privat angesehen wurde und daher andere Regeln galten als in der Hofburg oder in Schönbrunn. In Ischl gab es kein fixes Zeitkorsett, der Tag gestaltete sich je nach Wetter und repräsentative Auftritte oder offizielle Termine waren tabu. So gab es zu Elisabeths Lebzeiten mit wenigen Ausnahmen wenn überhaupt nur private Gäste, die sich jedoch dem jeweiligen Tagesprogramm unterordnen mussten und nicht umgekehrt. In Ischl durfte jeder ungestört seinen Interessen nachgehen: Franz Joseph ging auf die Jagd, die Kinder tollten den ganzen Tag im Freien herum und Elisabeth machte lange Spaziergänge oder Bergtouren, schrieb Gedichte – und widmete sich ihrer Schönheitspflege, die auch hier einen Großteil ihres Tagesablaufes einnahm.

Schönheitspflege

Der Tag der Kaiserin begann stets mit der Pflege ihres knielangen dichten Haares, auf das sie besonders stolz war, galten Haare zu dieser Zeit doch als eines der wesentlichsten Schönheitsattribute einer Frau. Elisabeth nutzte diese Prozedur, die allein zwei Stunden dauerte, in erster Linie zum Sprachenstudium. Ihrem Lehrer für Alt- und Neugriechisch, Constantin

Kaiser Franz Joseph mit seiner Tochter Erzherzogin Marie Valerie und seinen Enkeln im Park der Kaiservilla.

Christomanos, der auch als Vorleser fungierte, verdanken wir eine Schilderung des kultähnlichen Prozederes: „Das Frisieren dauert immer fast zwei Stunden, sagte sie, und während meine Haare so sehr beschäftigt sind, bleibt mein Geist träge. Ich fürchte, er geht aus den Haaren hinaus in die Finger der Friseuse. Deswegen tut mir dann der Kopf so weh. Wir werden diese Zeit benützen, um Shakespeare zu übersetzen; da muß das Gehirn nothgedrungen sich zusammennehmen … Die Kaiserin saß an einem Tisch, der in der Mitte des Raumes gerückt und mit einem weißen Tuch bedeckt war, in einen weißen, mit Spitzen besetzten Frisiermantel gehüllt, mit aufgelösten Haaren, die bis zum Boden reichten und ihre Gestalt vollkommen einwickelten."[30] Ihre Friseurin Franziska „Fanny" Feifalik spielte dabei eine entscheidende Rolle. Die ehemalige Friseurin des Wiener Burgtheaters war für die kunstvollen Frisuren der Kaiserin verantwortlich und musste nach dem stundenlangen Frisieren, Flechten und Hochstecken der Haarmassen die dabei ausgefallenen Haare in einer silbernen Schüssel vorzeigen.

Franziska „Fanny" Feifalik,
Friseurin der Kaiserin Elisabeth.
Zeitgenössische Fotografie.

Christomanos notierte dazu: „Hinter dem Sessel der Kaiserin stand die Friseuse in schwarzem Kleide mit langer Schleppe, eine weiße Schürze aus Spinngeweben sich vorgebunden … Mit weißen Händen wühlte sie in den Wellen der Haare, hob sie dann in die Höhe und tastete darüber wie über Sammet und Seide, wickelte sie um die Arme wie Bäche, die sie auffangen möchte, weil sie nicht rinnen wollen, sondern fliegen, theilte die einzelne

Welle mit einem Kamme aus goldgelben Bernstein in mehrere und trennte dann jede von diesen in unzählige Fäden, die im Sonnenlichte wie Gold wurden und die sie behutsam auseinanderzog und über die Schultern hinlegte, um ein anderes Gewirre von Strähnen wieder in Goldfäden aufzulösen. Dann wob sie aus allen diesen Strahlen … neue ruhige Wellen, flocht diese Wellen zu kunstvollen Geflechten, die in zwei schwere Zauberschlangen sich wandelten, hob die Schlangen empor und ringelte sie um das Haupt und band daraus, mit Seidenfäden dieselben durchwirkend, eine herrliche Krone. Dann ergriff sie einen anderen spitzig auslaufenden Kamm aus durchsichtigem Schildkrot, mit Silber beschlagen, und wellte den Polster von Haaren, der am Hinterhaupte die Krone zu tragen bestimmt war, in jene Linie zurück, welche dem athmenden Meere zu eigen. Dann zog sie die verwaist irrenden Strähne ober der Stirne hinab in die Nähe der Augen, so dass sie wie goldene Fransen vom Kranze der Krone herabhingen und die lichte Stirn wie einen Schleier verhüllten, entfernte mit einer silbernen Schere, was bei diesen Fäden Harmonie und Gleichheit verstörte und den ruhigen Lauf der geschwungenen Brauen nur hemmte … Dann brachte sie auf einer silbernen Schüssel die todten Haare der Herrin zum Anblick, und die Blicke der Herrin und jener der Dienerin kreuzten sich eine Secunde – leisen Vorwurf bei der Herrin enthaltend, Schuld und Reue der Dienerin kündend. Dann wurde der weiße Mantel aus Spitzen von den fallenden Schultern gehoben, und die schwarze Kaiserin entstieg gleich einer göttlichen Statue der bergenden Hülle."[31] Elisabeths Nichte Marie Larisch bemerkte dazu spöttisch, dass „die Haare auf Tante Sisis Kopf nummeriert" wären.[32]
Alle 14 Tage wurden die Haare mit einer extra angefertigten Mixtur aus Eigelb und Cognac gewaschen und anschließend mit einem „Kopfspiritus" genannten Lavendelspiritus, der durchblutungsfördernd wirkte, gespült. Die Prozedur dauerte einen ganzen Tag und sowohl Christomanos als auch Elisabeths

Der Morgenmantel Kaiserin Elisabeths.

letzte Hofdame und Reisebegleiterin, Irma Sztáray, schilderten bewundernd den Eindruck, den Elisabeth auf sie machte, wenn sie zum Trocknen der Haare den ganzen Tag mit offenem Haar, das ihre Gestalt einhüllte, verbrachte. Sztáray beschrieb den Moment, als sie die Kaiserin bei ihrem Dienstantritt zum ersten Mal in Ischl sah: „Pochenden Herzens stand ich … an der Ecke der Villa und gleich darauf erblickte ich Ihre Majestät; sie promenierte. Unter ihrem großen weißen Schirm ergoß sich das Licht auf das aufgelöste herabwallende Haar …"33

Sonnencreme und Erdbeermaske

Elisabeth verbrachte viel Zeit damit, ihre vielbewunderte Schönheit zu erhalten. Sie hatte dabei kein Geheimrezept, auf das sie schwor, sondern probierte immer wieder etwas Neues aus und experimentierte auch gern mit damals ungewöhnlichen Mitteln. Die Pflegeprodukte wurden entweder in der Hofapotheke oder von einer Kammerfrau direkt in ihrem Appartement frisch zubereitet. Während Elisabeth im Winter eher einfache, möglichst geruchlose Toilettecremen wie die bei vielen Damen des Hofes geschätzte *Crème Céléste* verwendete, die aus weißem Wachs, Walrat, süßem Mandelöl und Glycerin bestand, war Schönheitspflege im Sommer wesentlich aufwendiger. So wurden die Pflegeprodukte für ihre Aufenthalte im Salzkammergut nicht nur in regelmäßigen Abständen – zumeist alle zwei Wochen – per Telegramm in der Hofapotheke in Wien bestellt und frisch geliefert, sondern waren auch wesentlich vielfältiger. Im Salzkammergut spielten ihre Kosmetika eine besonders wichtige Rolle, da sie sich im Unterschied zu den meisten Aristokratinnen ihrer Zeit viel im Freien aufhielt, was damals als geradezu fahrlässig angesehen wurde. Denn um dem geltenden Schönheitsideal zu entsprechen, das blasse Haut und „Porzellanteint" vorsah, vermieden es die Damen damals tunlichst, in die Sonne zu gehen, da bereits einmal „verbrannte"

Haut als irreparabel galt. Daher traf Elisabeth auch strenge Vorkehrungen, um sich nicht in Gefahr zu begeben, gebräunte Haut oder gar gefürchtete und als entstellend geltende Sommersprossen zu bekommen. Abgesehen davon, dass sie niemals ohne Sonnenschirm und Fächer ins Freie ging, war das Gesicht im Sommer zusätzlich durch Schleier geschützt. Bei Wanderungen und Spaziergängen nahm sie außerdem stets Seidenpapier mit sich, mit dem sie sich das Gesicht abtupfte, da man damals annahm, dass Schweiß die Bildung von Sommersprossen begünstige. Als normale Tagescreme schätzte Elisabeth die sogenannte *Cold Creme* aus weißem Wachs, Walrat, Mandel- oder Sesamöl sowie Rosenwasser, die ihren Namen ihrem erfrischenden Effekt verdankt, da sie durch den wässrigen Anteil einen angenehm kühlenden Effekt auf der Haut hatte. Da sie sich bei langen Wanderungen und vor allem Bergtouren verstärkt der Sonne aussetzte, entwickelte die Hofapotheke auf ihren Wunsch die erste bekannte Sonnencreme auf mineralischer Basis – die *Neue Wilsoni Salbe*, eine mit Zink und Talk versetzte *Cold Creme*, die das Sonnenlicht leicht reflektierte und somit die Haut schützte und auch abdeckend wirkte. Gleichzeitig hatte die weißliche Creme den Vorteil, eventuell unerwünscht gebräunte Haut blasser erscheinen zu lassen. Dennoch konnte es – vor allem bei Bergtouren – trotz aller „Sicherheitsvorkehrungen" passieren, dass die Kaiserin einen Sonnenbrand bekam. Dieser wurde sofort mit *Goulardi Wasser gegen aufgebrannte Haut* behandelt. Mit diesem aus Bleiessig und 70 % Alkohol bestehenden Wasser wurden Umschläge gemacht, die die Rötung der verbrannten Haut milderten. Das Rezeptbuch der Hofapotheke enthält dazu anlässlich eines Ischl-Aufenthaltes 1888 den ungläubigen bis entsetzten Vermerk des Apothekers, der das Gesichtswasser auf „mündliches Verlangen" der Kaiserin anfertigte: „(!nach Bergparthie!)"[34]. Eine bergsteigende Kaiserin war eben außergewöhnlich.

Um die Haut frisch, glatt und straff zu erhalten, versprach sich

Prof D. Hebra

Waschwasser

Crème céleste

Neues Crème céleste

Neue Wilson Salbe

Ungt: emoliens sine odore

Vorschrift zum Neuen Crème céleste

Vorschrift zur Neuen Wilson Salbe

1877

Ex ord. 18 13/8 77 Prof. Hebra

Rezepte für Schönheitspflegeprodukte der Kaiserin aus dem Rezeptbuch der Hofapotheke.

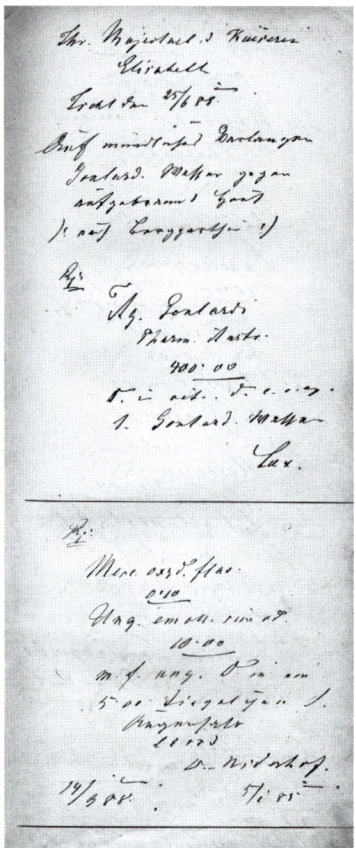

Rezept für „Aqua Goulardi":
„Auf mündliches Verlangen
Goulard. Wasser gegen aufge-
brannte Haut (nach Bergparthie!)".

Elisabeth dem Trend der Zeit entsprechend auch viel von Waschlotionen und Toilette-Essigen und so wurden zahlreiche Wasch-, Erfrischungs- und Gesichtswasser ins Salzkammergut geliefert. Elisabeth liebte vor allem Rosen-Gesichtswasser, Erdbeerblätter- und Orangenblüten-Waschwasser, die die Haut klären und pflegen sollten. Zur Regeneration der Haut machte Elisabeth gerne Masken mit zerdrückten frischen Erdbeeren. Durch den hohen Vitamin-C-Gehalt frischer Erdbeeren wirkte diese Maske erfrischend, belebend und leicht straffend, eine Wirkung, auf der auch heutige Hightech-Fruchtsäureprodukte aufbauen.

Ein weiteres ausgefallenes Schönheitsgeheimnis der Kaiserin waren mit rohem Kalbfleisch ausgelegte Ledergesichtsmasken, die sie über Nacht trug. Da rohes Kalbfleisch tatsächlich als Radikalfänger wirkt und somit auch zur Straffung und Verjüngung der Haut beiträgt, waren diese ausgefallenen Methoden durchaus modern und die Kaiserin ihrer Zeit damit voraus.

Noch mehr Zeit als der Gesichtspflege widmete die Kaiserin allerdings ihrer Körperpflege. Elisabeth badete täglich, wobei sich

Dampf- mit Ölbädern und kalten Bädern abwechselten. Besonders gerne nahm Elisabeth warme Olivenölbäder, die die Haut zart und geschmeidig halten sollten. Marie Larisch notierte allerdings in ihrem Tagebuch, dass das Öl einmal fast „kochend" war und Elisabeth nur „mit genauer Not dem furchtbaren Tode so mancher christlicher Märthyrer" entging.[35] Auch Meersalz gehörte zu Elisabeths bevorzugten Badezusätzen. Den Rezeptbüchern der Hofapotheke sind die Größenordnungen ihrer Badegewohnheiten zu entnehmen: So enthielt ein Bad der Kaiserin 450 Liter Wasser, wofür über 4 kg Meersalz, das mit Kalium und Jod versetzt war, benötigt wurde.[36] Anschließend wurde die Haut mit einer speziellen Körpersalbe eingecremt, der Überschuss mit Watte abgewischt und abgepudert. Für ihre stundenlangen Wanderungen selbst bei größter Hitze verwendete sie sowohl ein spezielles Aluminium-Badewasser als auch ein mit Aluminium versetztes Körperpuder, der ähnlich heutigen Deodorants schweißhemmend wirkte.

Elisabeths Nichte Marie Larisch war die Einzige, die sich schließlich offen gegen den Schönheitskult ihrer Tante aussprach, der zunehmend zur Lebensaufgabe wurde: „Sie betete ihre Schönheit an wie ein Heide seinen Götzen und lag vor ihr auf den Knien. Der Anblick der Vollkommenheit ihres Körpers bereitete ihr einen ästhetischen Genuß; alles was diese Vollkommenheit trübte, war ihr unkünstlerisch und zuwider."[37] Um als junge schöne Frau in die Geschichte einzugehen, ließ sich Elisabeth ab Anfang 30 nicht mehr fotografieren, die letzten Gemälde nach Modell entstanden 1879 im Alter von 41 Jahren. Da Elisabeth ihr Selbstwertgefühl offenbar zum Großteil aus ihrer vielbewunderten Schönheit bezog, hatte sie Angst vor dem Alter und seinen Begleiterscheinungen. Der Verlust ihrer Jugend und Schönheit bedeutete für sie auch einen Verlust an Lebensfreude. Mit zunehmendem Alter fühlte sie sich nicht mehr bewundert und begehrt und klagte ihrer Nichte Marie Larisch: „O, wie entsetzlich ist es, alt zu werden! Zu fühlen, wie

Turnringe im Toilettezimmer der Kaiserin in der Wiener Hofburg.

die Zeit die Hand auf unseren Körper legt, zu beobachten, wie die Haut runzlig wird, am Morgen mit Furcht vor dem Tageslicht zu erwachen und zu wissen, daß man nicht mehr begehrt wird!"[38] Mit 53 Jahren schrieb Elisabeth: „Es gibt nichts grauslicheres als so nach und nach zur Mumie zu werden und nicht Abschied nehmen zu wollen vom Jungsein. Wenn man dann als geschminkte Larve herumlaufen muß – pfui!"[39] Als sie ihre Schönheit schwinden sah, fühlte sie sich als Frau nicht mehr begehrt und nutzlos und verfiel in depressive Stimmungen. Schirme und Fächer sollten aber nicht nur die ihrer Meinung nach entschwundene Schönheit verbergen, sondern immer mehr auch zu einer symbolischen Barriere zwischen ihr und der Umwelt werden.

Die Bergtouren, Schiffsreisen und Parforcejagden hatten Elisabeth tatsächlich zugesetzt und sie war im Vergleich zu anderen Frauen ihres Standes, die sich niemals der Sonne ausgesetzt hatten, früh gealtert. Als Franz von Clary-Aldringen als Kind mit seiner Schwester beim Bergsteigen der Kaiserin begegnete, öffnete sie – da kein Erwachsener in Sicht war – nicht wie sonst beim Vorübergehen den Fächer, sondern lächelte die Kinder freundlich an: „Sie lächelte uns freundlich zu – aber ich war wie aus den Wolken gefallen, denn ich sah in ein mir uralt vorkommendes Gesicht voller Runzeln.[40]

Körperkult

Bei der Schönheitspflege legte die Kaiserin besonderes Augenmerk auf ihre schlanke Linie, die allerdings gar nicht dem Schönheitsideal der Zeit entsprach, das rundere, üppigere Frauen bevorzugte. Um beweglich, fit und schlank zu bleiben, absolvierte die Kaiserin ein tägliches Turnprogramm. Dazu hatte sie sich so wie in Wien auch in der Kaiservilla ein Turnzimmer einrichten lassen, in dem sie ihre täglichen Übungen absolvierte. Wenn der Rote Salon der Kaiservilla frei war, verlegte sie die Übungen aus Platzgründen dorthin, wobei an den Schmalseiten des Raumes zwei große ovale Spiegel aufgestellt wurden, damit die Kaiserin ihre Übungen kontrollieren konnte. Bei schönem Wetter turnte sie auch gern im Freien. Dazu hatte sie im Schlosspark eine kleine Waldlichtung auserkoren, auf der sie unbeobachtet und ungestört turnen konnte. Zusätzlich hatte Elisabeth auf dem Jainzen auf einem Aussichtsplatz mit Blick gegen Ebensee ein Reck errichten lassen, wo sie mit herrlichem Blick auf den Dachstein turnen konnte.

Über ihre Turnübungen in Wien berichtete Constantin Christomanos: „Sie ließ mich heute vor dem Ausfahren nochmals in den Salon rufen. An der offenen Tür zwischen dem Salon und ihrem Boudoir waren Seile, Turn- und Hängeapparate angebracht. Ich traf sie gerade, wie sie sich an den Handringen erhob. Sie trug ein schwarzes Seidenkleid mit langer Schleppe und von herrlichen schwarzen Straußfedern umsäumt. Ich hatte sie noch nie so pompös gekleidet gesehen. Auf den Stricken hängend, machte sie einen phantastischen Eindruck, wie ein Wesen zwischen Schlange und Vogel. Um sich niederzulassen, musste sie über ein niedrig aufgespanntes Seil hinwegspringen. Dieses Seil, sagte sie, ist dazu da, damit ich das Springen nicht verlerne. Mein Vater war ein großer Jäger vor dem Herrn, und er wollte, daß wir wie die Gemsen springen lernen. Dann bat sie mich, die Lektüre aus der Odyssee fortzusetzen. Sie wollte heute später ausfahren, weil sie einige Erzherzoginnen zum Empfang erwartete, weswegen sie auch diese ausnehmend ceremonielle Robe anziehen musste, wie sie mir sagte … Wenn die Erzherzoginnen wüssten, sagte sie, daß ich in diesem Kleid geturnt habe, sie würden erstarren. Aber ich habe dies nur en passant gethan, sonst erledige ich diese Sache immer in der Frühe oder abends …"[41]

Neben ihrer täglichen Turnstunde zählten vor allem Reiten, aber auch Fechten, Schwimmen und im Sommer Wandern und Bergsteigen zu ihren bevorzugten Sportarten. Der Wiener Hof

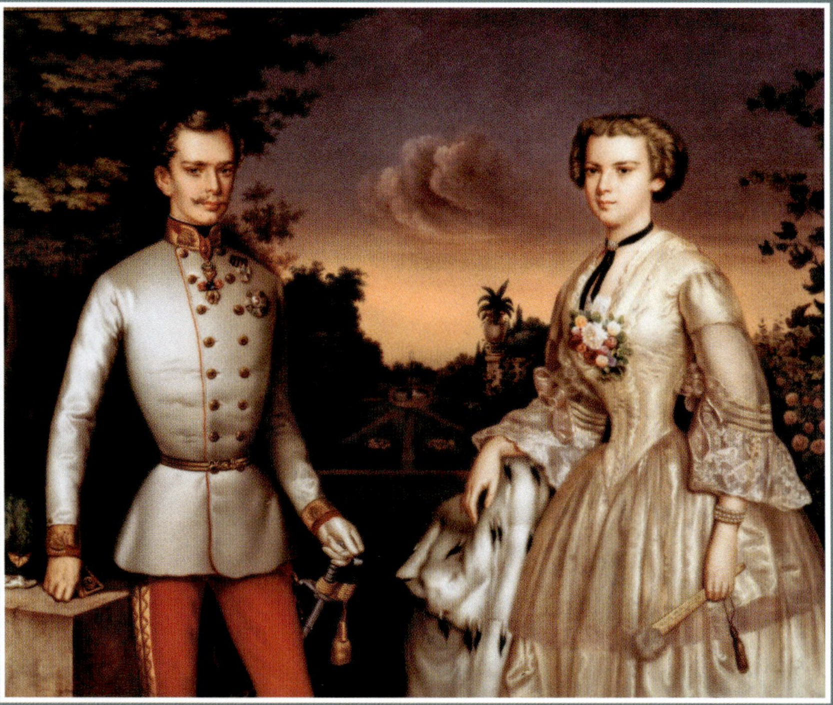

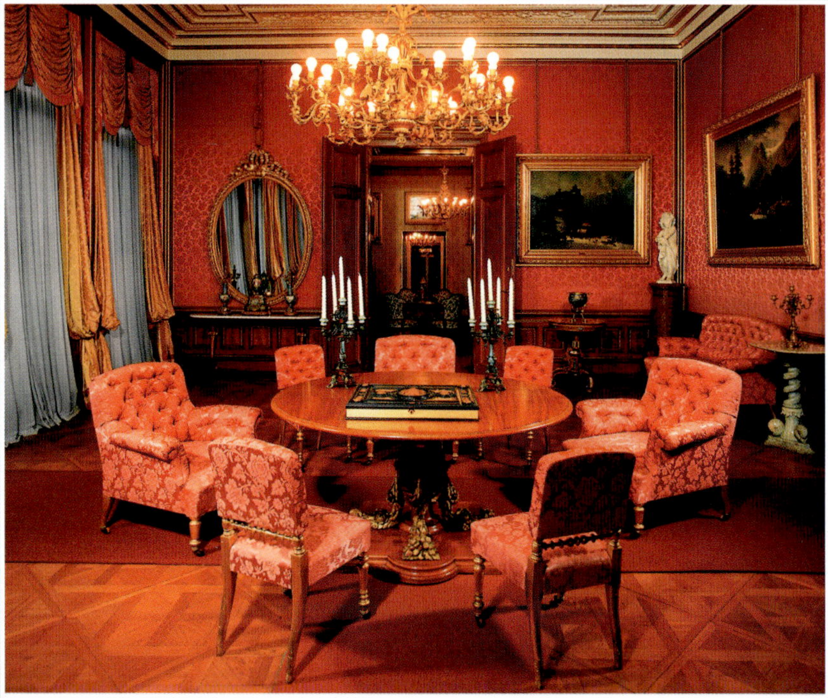

Ansicht der Kaiservilla von der Parkseite.

Seite 49: Herzogin Elisabeth in Bayern als Verlobte.
Anonymes Gemälde 1853/54.

Seite 50/51: Die erste Ausfahrt des jungen Paares am Verlobungstag
in Ischl, Gemälde von Gottlieb Prestel 1853/54.

Seite 52 oben: Verlobungsbild des Kaiserpaares.

Seite 52 unten: Roter Salon in der Kaiservilla. Hier absolvierte
die Kaiserin auch ihr tägliches Turnprogramm.

Seite 53: Detail des Speisezimmers in der Kaiservilla.

Seite 54/55: Ansicht von Hallstatt um 1850.
Kolorierte Lithografie von Franz Joseph Sandmann.

reagierte indigniert auf die turnende Kaiserin, die Öffentlichkeit wusste davon nichts und zeigte sich sogar verständnislos gegenüber der Neuigkeit, dass für den Kronprinzen Rudolf ein Turnzimmer eingerichtet worden war – auf die Idee, dass das Zimmer für Elisabeth war, kam man erst gar nicht. Welche Übungen Elisabeth genau auf ihren Turngeräten absolvierte, ist leider nicht überliefert, aber die erhaltenen und überlieferten Turngeräte lassen doch Rückschlüsse zu: So diente die Sprossenwand sicher dem Training der Arm- und Schultermuskulatur sowie der Bauchmuskeln – Gleiches gilt für das Reck, das in erster Linie zum Training der Armkraft und Körperspannung diente. Schwebebalken verwendete sie für das Balancetraining, doch in erster Linie ging es bei all diesen Übungen um Muskeltraining, Ausdauer und Gelenkigkeit – Fähigkeiten, die sie vor allem für den Reitsport benötigte. Nach den Turnübungen und anschließenden Bädern ließ sie sich noch massieren.

Ihrer großen Leidenschaft, der Reiterei, ging sie in den ersten Jahren auch in Ischl nach. Die Kaiserin war eine der besten Parforcereiterinnen Europas und stolz darauf, oft als einzige Frau – noch dazu im Damensattel – bei den gefährlichen Jagden nicht nur ans Ziel zu kommen, sondern sogar zu gewinnen. Daneben war sie jedoch auch begeisterte Dressurreiterin, wofür in Ischl ein eigener Reitplatz neben dem privaten Schwimmbad am Flussufer jenseits der Villa angelegt wurde. Die Kaiserin engagierte sogar berühmte Zirkusartistinnen wie Emilie Loiset und Elise Petzold des berühmten Zirkus Renz, die ihr besondere Reitkunststücke beibrachten. So berichtete ihre jüngste Tochter Marie Valerie bei einem Familienbesuch in Possenhofen stolz: „Onkel Luitpold, jetzt kann Mama auf dem Pferd schon durch zwei Reifen springen.“[42] Da Ischl allerdings nicht das geeignete Gelände für Ausritte oder Reitjagden war und da sie zudem zunehmend die Öffentlichkeit mied, verzichtete sie bald gänzlich darauf und kompensierte ihren Bewegungsdrang mit ausgedehnten Wanderungen und Bergtouren.

Schlankheitswahn

Elisabeth achtete stets auf ihre schlanke Linie – bei einer Körpergröße von 1,72 cm wog sie zwischen 47 und 50 Kilogramm. Außergewöhnlich war auch ihre Taille von unglaublichen 51 cm, wobei jedoch hinzugefügt werden muss, dass Frauen damals von frühester Jugend an geschnürt wurden und ein Korsett trugen, wodurch sich natürlich auch der Körperbau veränderte. Mit ausschlaggebend war sicherlich, dass sie über Jahrzehnte hinweg konsequent Sport betrieb. Ins Reich der Legenden muss jedoch verwiesen werden, dass Elisabeth ihr Leben lang ständig hungerte, um schlank zu bleiben. Originale Speisezettel belegen, dass Elisabeth sehr wohl einen guten Appetit besaß. Ein gewöhnliches Frühstück bestand aus Kaffee mit kaltem und warmem Obers, süßen und gesalzenen Bäckereien, Eiern, kaltem Fleisch, Honig, Obst und verschiedenem Gebäck. Dazu trank sie ein Glas Wein. Zu Mittag folgten gewöhnlich Braten mit Gemüse und am Nachmittag eine kleine Jause. Rechnungen aus den verschiedensten Konditoreien zeigen, dass Elisabeth auch gerne Mehlspeisen und vor allem Sorbet aß. Ihr Lieblingseis war Veilchensorbet – dazu wurden eine Handvoll Veilchenblätter in einem Mörser zerstoßen, dann etwas warmes Wasser und Zucker dazugegeben, und nachdem die Masse etwa eine Stunde gezogen hatte, ließ man sie gefrieren.

Besonders wichtig waren ihr frische Milch und Milchprodukte. Zu diesem Zweck richtete sie sogar 1895 im Schönbrunner Schlosspark eine eigene kleine Meierei ein, von wo sie täglich ihre frische Milch bzw. Milchprodukte geliefert bekam. Doch auch in Ischl wollte sie natürlich nicht auf ihre frischen Milchprodukte verzichten und hielt eigene Kühe und Ziegen.

Zwei Faktoren mögen dazu beigetragen haben, dass sich allerlei Gerüchte um den Schlankheitswahn der Kaiserin rankten und bis heute ranken. Zum Ersten versuchte Elisabeth nie, einem gängigen Schönheitsideal nachzueifern. Eine „schöne" Frau war damals wesentlich runder und voller, wie auch Fotos von Katharina Schratt, der späteren Gefährtin Franz Josephs, oder von Mary Vetsera, der Geliebten des Kronprinzen Rudolf, die mit ihm in den Tod ging, zeigen, die dem damaligen Schönheitsideal entsprachen. Elisabeth galt schon allein deshalb in den Augen ihrer Umgebung als mager, was jedoch in Relation zu den damaligen Vorstellungen von „mager" und „gesund" gesetzt werden muss. Veranlagung mag eine wichtige Rolle gespielt haben, auch ihre Geschwister waren sehr schlank und hochgewachsen. Dazu kam, dass Elisabeth andere Essgewohnheiten hatte. Sie nahm zwar ein ausgiebiges Frühstück und ein Mittagessen zu sich, aber am Abend nur noch eine kleine Mahlzeit zwischen fünf und sechs Uhr nachmittags. Sie hatte die Erfahrung gemacht, dass sie späte Mahlzeiten nicht vertrug oder davon zunahm, und wollte daher nach sechs Uhr abends nichts mehr essen. Nicht nur aus diesem Grund versuchte sie so oft als möglich, den allabendlichen Familiendiners fernzubleiben. Ließ es

Ein getrockneter Edelweiß als Andenken an eine Wandertour Elisabeths anno 1879.

sich nicht vermeiden, daran teilzunehmen, aß sie betont wenig und trug damit zu Gerüchten bei, sie esse nichts. Vor allem in den Jahren, als sie die Reiterei wirklich als Hochleistungssport betrieb, aß Elisabeth absolut „normal". Man darf nicht vergessen, dass sie mitunter von elf Uhr vormittags bis gegen halb sechs Uhr abends im Sattel saß – sie hätte nicht eine einzige Parforcejagd konditionell und kreislaufmäßig durchgestanden, hätte sie nichts gegessen. Auffallend ist, dass Elisabeth abseits von Wien und dem „Wiener Hof" stets gut gelaunt war, guten Appetit hatte und ganz normal aß. So schrieb ihre Hofdame Marie Festetics der zu Hause gebliebenen Freundin Ida Ferenczy anlässlich eines Reitaufenthaltes in Irland über die Kaiserin: „Die Liebe ist unberufen sehr wohl, sie lässt Ihnen sagen, daß sie jetzt riesigen Appetit hat und derart viel ißt, daß sie wie eine Boa constrictor am Sofa liegt und sich fürchtet ins Bett zu gehen ..."[43]

Obwohl Elisabeth den bekannten Quellen zufolge nicht als anorektisch oder gar bulimisch bezeichnet werden kann, ist mit zunehmendem Alter eine immer intensivere Beschäftigung mit dem Thema Essen und Gewicht festzustellen. Die Kaiserin probierte in ihren letzten Lebensjahren die verschiedensten Diäten aus, um ihr Gewicht zu halten. Dazu gehörten neben generellen Fasttagen auch Tage, an denen sie nur Milch trank bzw. Orangen oder Suppe aß. Unrichtig ist jedoch die Behauptung, Elisabeth hätte sich von rohem Fleischsaft ernährt – es wurde zwar täglich ein roher Kalbsschlögel in die Kammer der Kaiserin geliefert, dieser wurde jedoch in Stücke geschnitten, ausgepresst, gewürzt und daraus ein Extrakt abgekocht, den Elisabeth als nahrhaften Trank zu sich nahm, der auch ihren Eisenmangel kompensieren sollte. Eine zunehmend entscheidende Rolle spielte die Waage: Elisabeth wog sich täglich, um ihr Gewicht zu kontrollieren, und trug nicht nur ihr Gewicht, sondern auch ihr sportliches Tagesprogramm in ein „Wage-Journal"[44] genanntes Heft ein. Sie beschäftigte sich demnach zwanghaft mit den Themen Essen, Gewicht und Aussehen. Ihr Verhalten erinnert an die *Orthorexia nervosa* genannte Essstörung, die sich dadurch auszeichnet, dass Betroffene ein krankhaftes Verlangen danach haben, sich möglichst „gesund" zu ernähren, und sich generell zwanghaft mit dem Thema Essen auseinandersetzen.

Im Unterschied zur Anorexie ist die Orthorexie demnach keine quantitative, sondern eine qualitative Essstörung, dennoch bewegen sich Erkrankte durch die stark eingeschränkte Ernährung gewichtsmäßig zumeist im unteren Normbereich. Viktor Eisenmenger, die Vertretung des Hofarztes Dr. Kerzl, schilderte in seinen Memoiren seine Begegnung mit der Kaiserin in Territet am Genfer See im Jahre 1897, wo er mit Erzherzog Franz Ferdinand im gleichen Hotel wie Elisabeth abgestiegen war: „Ich wurde zur Kaiserin gerufen. Sie klagte darüber, daß sie trotz der aufs äußerste eingeschränkten Nahrungsaufnahme – sie aß nur mehr sechs Orangen täglich – an Gewicht zunehme. Nur schwer ließ sie sich zu einer Untersuchung bewegen. Ich fand bei der sonst gesunden Frau ziemlich starke Hautanschwellungen, besonders an den Knöcheln. Ein Zustand, den die Ärzte damals sehr selten zu sehen bekamen und der erst im Krieg zu einer traurigen Berühmtheit kam. Hungerödem! Ich erklärte ihr, daß die Gewichtszunahme auf Wasseransammlung in den Geweben infolge von Unterernährung beruhe und darum umso stärker sei, je weniger sie esse. Sie lehnte trotzdem alle meine Diätvorschläge ab, und ich mußte mit der Konzession zufrieden sein, daß sie ein paar Gläser Schafmilch im Tag trinken wolle."[45] Elisabeths Obersthofmeister Graf Bellegarde war in der Folge empört über die horrende Summe von 50 Franken für Schafmilch, die sich auf der Hotelrechnung befand. Eisenmenger ging dem Grund nach und brachte in Erfahrung, dass Elisabeth bezeichnenderweise nicht etwa einige Gläser Schafmilch bestellt hatte, sondern bei einem ihrer ausgedehnten Spaziergänge auf einer Alm eine Schafherde entdeckt und veranlasst hatte, dass die gesamte Herde ins Tal getrieben wurde, um sich ein Schaf für ihren täglichen Milchbedarf auszusuchen, was die hohe Rechnung verursacht hatte. Beim Abschied ließ Elisabeth Eisenmenger schließlich ausrichten, dass es ihr besser gehe – sie habe an Gewicht abgenommen (!). Doch Elisabeth erholte sich wieder und Irma Sztáray, die die Kaiserin in den letzten Jahren auf ihren Reisen begleitete, schilderte in ihren Memoiren eingehend die ausgiebigen Diners, die sie mit der Kaiserin einnahm.

Auch in Ischl gehörten die gemeinsamen Diners zum fixen Bestandteil des Alltags, die jedoch ganz anders abliefen als in Wien. In Wien waren zu Familiendiners traditionell alle in der Hofburg oder Schönbrunn weilenden Familienmitglieder sowie manchmal auch offizielle Gäste aus Höflichkeit oder Gründen der Etikette eingeladen, was zumeist zu steifer und verkrampfter Atmosphäre führte. Franz Joseph mochte die wenigsten seiner Verwandten und konnte bei Tisch äußerst einsilbig sein, was nicht unbedingt zur Stimmung beitrug. In Ischl war dies völlig anders, denn hier saßen nur die engste Familie, Vertraute und persönlich eingeladene Gäste am Tisch und es herrschte gute Stimmung. Irma Sztáray, Elisabeths letzte Hofdame, berichtete in ihren Memoiren über die Diners im Familienkreis: „Das Leben in Ischl ist gemütlich, ungezwungen und ganz intimen Charakters. Am Diner nehmen der Kaiser, die erzherzogliche Familie und sämtliche Herren und Damen des Gefolges teil. Die Stimmung ist heiter, das Gespräch lebhaft, abwechslungsvoll und jeder ist bestrebt, den Kaiser zu zerstreuen."[46]

Dass Elisabeth nie an Diners teilnahm, ist ebenso ein Irrglauben wie ihre immer wieder zitierte permanente Schwermut und Melancholie. Fühlte sich die Kaiserin wohl, war sie heiter, charmant und konnte herzlich lachen. So erinnerte sich ihre Hofdame Marie Festetics an folgende Szene: Gelegentlich eines Diners saß der Flügeladjutant Prinz Lobkowitz der Kaiserin gegenüber und spielte bei der Suppe achtlos mit dem Zahnstocher. Auf einmal sprang ihm dieser aus der Hand und flog in hohem Bogen über den Tisch – ausgerechnet in den Teller der Kaiserin. Anfangs tat sie noch so, als wäre nichts passiert, konnte sich dann aber nicht mehr halten und musste so lachen, dass ihr die Tränen übers Gesicht liefen. Daraufhin fragte Franz Joseph: „Ja was ist denn, was hast du denn? Ich möchte auch mitlachen." Der arme Flügeladjutant saß vernichtet da und sah die Kaiserin flehend an. Elisabeth wandte sich zum Kaiser und sagte mit schalkhaftem Gesicht: „Weißt du, es ist mir etwas ‚eingefallen'."[47]

Elisabeth zu Pferd vor Possenhofen, Gemälde von Carl Piloty, 1853.

Familienfeiern waren Elisabeth jedoch stets lästig und unangenehm; sie hatte – von wenigen Ausnahmen abgesehen – zu keinem ihrer habsburgischen Verwandten ein gutes Verhältnis. In ihren Gedichten machte sie sich immer wieder mitunter sogar beleidigend über sie lustig – so wie im folgenden, das sie anlässlich des Geburtstagsdiners zu Franz Josephs 57. Geburtstag schrieb:

„Heute will ich dich zerstreuen",
Spricht Titania zum Gemahl;
„Denn ich weiss, Dich kann nicht freuen
Deiner Jahre hohe Zahl.

Muss Dich leider embêtieren
Der Familie grosser Chor,
Stell ich, Dich zu divertieren,
Sie als Tiere dann Dir vor.
...
Dicke, Dünne, Alte, Junge,
Jedes kommt jetzt an die Reih',
Unverschämt lügt jede Zunge:
„Euch zu seh'n, wie ich mich freu'."

Nach des Wiederseh'ns Entzücken
Setzt man sich zum reichen Mahl
Und mein Stab berührt den Rücken
Jedes Gastes nun dreimal.

Ob'ron, ei! Zu Deiner Rechten
Welch' ein mächtig Trampeltier,
Statt der langen falschen Flechten
Siehst du blondes Fell jetzt hier!

Doch die Augen sind dieselben
Listig lauernd wie vorher,
Auch die Löckchen noch, die gelben,
Liegen auf der Stirne schwer.

Und den Stolz in seinen Zügen
Trägt es selbst als Trampeltier;
Volksgejohl ist sein Vergnügen
Vivat! Salva! Sein Plaisir.

Darum zieht's in allen Städten,
Märkten feierlich herum;
Voraus muss der Tambour treten;
Aufgepasst! Nun kommt's bum, bum!

Oberon zu Deiner Linken
Einer rackerdürren Sau
Blaue Äuglein ehrlich blinken,
Ähnlich Dir fast im Geschau.

Ihre Ferkelein, herzig kleine,
Bracht's sie aus dem Nachbarreich;
Sehen dort dem Vaterschweine
Bis aufs letzte Härchen gleich.

Mit den angestammten Rüsseln
Arbeitet das emsig los
In den Tellern, in den Schüsseln;
Leises Grunzen hört man blos.
...
Seine Gattin, eine fette,
Kleine, dralle Bauernkuh,
Bringt ihm jährlich zwerghaft nette
Junge – Zahlen musst dann Du.

Von dem zweiten Wurfe stammen
All die Kirchenmäuse dort,
Bettelarm trotz hoher Namen,
Pflanzten rasend schnell sich fort.

(*„Oberons Wiegenfeste"*, 1887)

Mit dem „Trampeltier" meinte Elisabeth ihre wenig geliebte Schwiegertochter Stephanie von Belgien, über die sie sich stets ob ihres unvorteilhaften Aussehens lustig machte, und mit der „Sau" war niemand anders als ihre Tochter Gisela mit ihren Kindern gemeint, zu denen Elisabeth ja ein eher distanziertes Verhältnis hatte.

Wanderkleider statt Haute Couture

Selbst die Mode stand bei der Kaiserin im Dienste der schlanken Linie. Elisabeth legte in erster Linie großen Wert darauf, ihre schlanke Linie zu betonen, dennoch musste ihr die Kleidung möglichst viel Bewegungsfreiheit lassen und bequem sein. Vor allem Reitkleider spielten eine wichtige Rolle, und Elisabeth verbrachte viele Stunden in ihren Gemächern beim Anprobieren ihrer Reitkleider und war in diesem Punkt nur schwer zufriedenzustellen. Sie ließ sich sogar vor einem großen Spiegel ein gesatteltes Holzpferd aufstellen, auf dem sie die Kleider hinsichtlich Schnitt und Wurf probierte. Die Kleider wurden der Kaiserin nicht nur auf den Leib geschneidert, sondern sie ließ sich auch in ihre Kleider einnähen, indem ein Schneider, nachdem sie das Oberteil und die Taille angezogen hatte, den Rock daran annähte – eine Prozedur, die bis zu einer Stunde dauern konnte. Doch der Aufwand lohnte sich, sie wurde allseits für ihre perfekt sitzenden Reitkleider bewundert. Anfangs trug sie beim Reiten noch drei Paar Handschuhe übereinander, um ihre Hände zu schonen. Später, als sie der Ehrgeiz gepackt hatte, besser zu sein als alle anderen, ritt sie oft ohne Handschuhe, um ein besseres Gespür mit dem Zügel zu haben. Der Reitsport war auch der Grund, warum Elisabeth nie Ringe trug. Auch ihren braunen Lederfächer trug Elisabeth bei ihren Ausritten immer bei sich – er steckte im Sattel und konnte bei Bedarf blitzschnell gezogen und aufgefaltet werden. Elisabeth hasste es, angestarrt und gemustert zu werden, und versteckte sich

Schwarze Lederstiefeletten der Kaiserin. Um bequemer und länger gehen zu können, bevorzugte die Kaiserin flache, robuste Schuhe.

immer hinter ihren Fächern, die schließlich auch die zunehmende Distanz nicht nur Fremden gegenüber, sondern auch zu ihrer Umgebung generell verdeutlichen sollte.

Sie war jedoch keine Stilikone, auch wenn sie zu Pferd perfekt und elegant wirken wollte. Sie orientierte sich weder an der aktuellen Mode, noch war sie modisches Vorbild. Allein ihre Frisur wurde gerne kopiert – allerdings zumeist unter Zuhilfenahme von künstlichen Hilfsmitteln wie etwa Haarteilen, da nur wenige Frauen über eine vergleichbare Haarpracht verfügten. Als ebenfalls anerkannte Schönheit galt vor allem Kaiserin Eugénie, die Kaiserin der Franzosen. Graf Wilczek erzählte, dass er bei einem Treffen der Kaiserpaare in Salzburg 1867 die beiden Kaiserinnen zufällig beobachtet hätte: „Ich öffnete ganz still die Türe und mußte durch zwei leere Zimmer des Appartements gehen, sogar durch das Schlafzimmer bis zum Toilettenkabinett, dessen Türe halb offen stand. Ihr gegenüber befand

Kaiserin Elisabeth. Fotografie von Ludwig Angerer, 1864.

Waage aus der Hofburg. Die Kaiserin wog sich täglich, um ihr Gewicht zu kontrollieren, und führte ein eigenes „Wage-Journal".

sich ein großer Spiegel, und mit dem Rücken gegen die Tür gewendet, hinter welcher ich stand, waren die beiden Kaiserinnen damit beschäftigt, sich mit zwei Zentimetermaßen die schönsten Wadenbeine, die damals wohl in ganz Europa zu finden waren, abzumessen. Der Anblick war unbeschreiblich und ich werde ihn mein Leben nicht vergessen." Marie Larisch widersprach allerdings diesem Gerücht und tat die Beschreibung als Wichtigtuerei ab. Ihrer Erinnerung nach gab es keinen freundschaftlichen Umgang der beiden.

Um ihre schlanke Silhouette zu unterstreichen, verzichtete Elisabeth bald auf die modischen Krinolinen (drahtverstärkte Unterröcke, um möglichst viel Volumen zu erzeugen) und trug betont schmal geschnittene Röcke. Im Sommer meist sogar ohne Unterröcke direkt auf der Haut – im Winter trug sie gerne feinste Wäsche aus Seide oder Rehleder. Um möglichst viel Bewegungsfreiheit zu haben, bevorzugte sie anstelle von Kleidern auch immer Röcke mit extra Oberteilen, wobei die Röcke vorne immer kürzer geschnitten waren als hinten, damit sie besser gehen konnte. Bei Bergtouren trug sie außerdem Röcke, die nach oben geknüpft werden konnten, um besser steigen zu können. Vor allem bei ihren Aufenthalten im Salzkammergut standen Bewegungsfreiheit, Bequemlichkeit und Widerstandsfähigkeit im Vordergrund. Hier trug sie gerne Lodenkostüme und Röcke aus robusten Wollstoffen. Anders als damals üblich trug die Kaiserin – vor allem bei den Wanderungen – niemals Hüte, die sie als unbequem und unpraktisch empfand, sondern nahm immer große, plumpe, mit weißem Leder gefütterte Sonnenschirme mit, die sowohl eher unelegant als auch schwer waren. Besonders auffallend waren ihre Schuhe, die weder der Mode noch den Usancen ihrer Zeit entsprachen. Elisabeth trug als eine der ersten Frauen anstelle von seidenen Schuhen mit Absatz flache, praktische, eher klobige Lederstiefeletten, mit denen sie jedoch bei jedem Wetter bequem weite Strecken zu Fuß zurücklegen konnte. Im Sommer ging sie auch gerne ohne Strümpfe mit nackten Füßen, was in der Öffentlichkeit sicherlich als skandalös empfunden worden wäre.

Gesellschaftliches Leben

Auch in Ischl sah man die Kaiserin selten in der Öffentlichkeit. Da die kaiserliche Familie stets den privaten Charakter ihres Aufenthaltes in Ischl betonte, nahmen sie zwar wenig am gesellschaftlichen Leben teil, waren aber dennoch fixer Bestandteil. Vor allem Franz Joseph besuchte regelmäßig die Aufführungen des Stadttheaters und ging auch gern durch Ischl spazieren und war an allen Neuerungen interessiert.
So wie auch seine Töchter – allen voran Erzherzogin Gisela –, die sich vor allem vom technischen Fortschritt begeistert zeigten und auf ihren „Bicyclen" durch Ischl radelten.
Repräsentative Auftritte gab es nur zu wohltätigen Anlässen,

*Zum Geburtstag des Kaisers ließen sich die Ischler immer etwas
Besonderes einfallen. So erschien zu seinem 50. am 18. August 1880 eine
Abordnung Ischler Kinder in der Kaiservilla, gekleidet in die Tracht
vergangener Jahrhunderte. Franz Joseph zeigte sich huldvoll erfreut.
Zu seinen Gästen zählte in diesem Jahr auch Fürst Milan von Serbien,
mit dem er am Vortag einen Jagdausflug nach Offensee unternommen
hatte.*

wenn Franz Joseph anlässlich von Bränden oder Überschwem-
mungen große Summen spendete und Hilfsaktionen unter-
stützte – so etwa im Sommer 1897, als Ischl durch eine
Hochwasserkatastrophe schwer getroffen wurde. Erzherzogin
Marie Valerie besuchte immer wieder Schulen und andere
wohltätige Kindereinrichtungen.

„Oh du mein Feenreich ..."

Das „Marmorschlössl"

Im Zuge des Umbaus der Kaiservilla wurde ab 1856 auf dem Areal, das bis zum Gipfel des bewaldeten und auch für die Jagd bestens geeigneten Jainzen reichte, von Hofgärtner Franz Rauch ein englischer Landschaftsgarten angelegt. Von der Villa führt ein gewundener Weg zum etwas erhöht im Wald liegenden „Cottage", das ebenfalls nach englischem Vorbild ab 1858 im Tudorstil errichtet wurde. Das Schlösschen wurde als kühler Aufenthaltsort für die heißen Sommertage mit Ausblick auf die umgebende Landschaft konzipiert und diente der Kaiserin als Refugium, in das sie sich jederzeit zurückziehen konnte. Weilte die Kaiserin nicht in Ischl, diente das Cottage als Lieblingsaufenthalt der Kinder und später vor allem der Enkelkinder, die hier den ganzen Tag über spielen konnten. So schrieb Franz Joseph in einem Brief an Elisabeth, die auf Reisen war: „Von den lieben Kindern kann ich, Gott sei Dank, nur das beste berichten. Sie sind meine Freude und ich besuche sie oft, jetzt meistens am Cottage, da sie bei dem warmen Wetter der letzten Tage, von Früh bis Abend dort waren ... an den beiden letzten Tagen fuhren sie nach unserem Diner mit der Ziegenequipage in Valéries und meiner Begleitung beim Cottage und dem Spiegelpavillon herum."[48]
Das Cottage wurde aus rosagrauem Untersberger Marmor errichtet, dem es auch seinen heutigen Namen „Marmorschlössl" verdankt. Besonders reizvoll ist der Bau durch die an drei Seiten umlaufende Loggia aus Gusseisen, die durch ihre reiche Orna-

Das Marmorschlössl. Kohlezeichnung von Sisis Tochter Gisela, 1870.

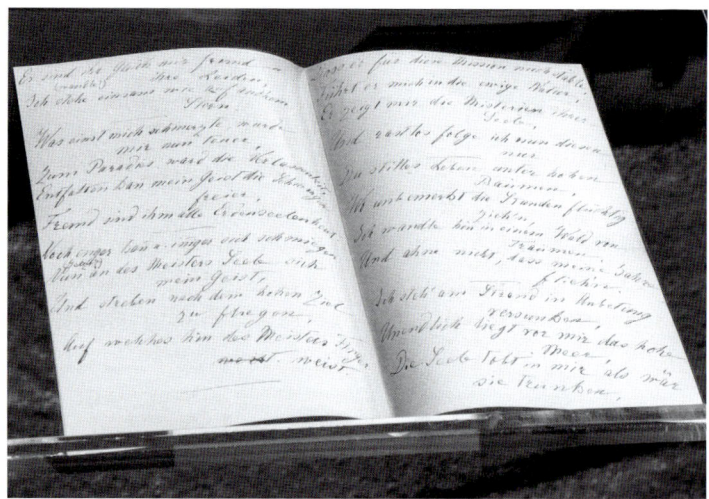

Manuskript eines Gedichtbandes Kaiserin Elisabeths. Der literarische Nachlass Sisis wird auf ihren Wunsch bis heute im Schweizerischen Bundesarchiv in Bern aufbewahrt.

mentik mit Drei- und Vierpassformen, Ranken, Knospen und Kreuzblumen die Verbindung zwischen Architektur und Natur herstellt. Da die Terrasse der Bewegung des Baues folgt, ergibt sich trotz des massiven Materials eine Lebendigkeit der Linienführung, die durch die zarte Ornamentik sowie das Licht- und Schattenspiel eine besondere Leichtigkeit erhält. Die Bewachsung mit wildem Wein und Pfeifenwinde verleiht dem Schlösschen zusätzlich einen malerisch-romantischen Charakter. Im Inneren überrascht das Cottage bis heute durch seine kostbare und elegante Ausstattung mit wertvollen Parkettböden und geschnitzten Holzvertäfelungen, Marmorkaminen und prunkvollen Lustern. Die 16 Holzfiguren im Großen Salon, die zur Originalausstattung gehören und bis heute erhalten sind, stellen Personen aus dem *Nibelungenlied* dar. Über den Türen zu den weiteren Salons befinden sich zudem geschnitzte Kartuschen mit dem Haus- und Familienwappen der Familie Habsburg-Lothringen. Im Obergeschoß dominiert architektonisch das Spiel von Außen- und Innenraum im Wechsel von geschlossenen Räumen und kleinen Dachterrassen, die unterschiedliche Panoramablicke ermöglichen und den besonderen Reiz des Baus ausmachen.

Das Cottage bot Elisabeth somit die idealen Voraussetzungen, ungestört einer ihrer großen Leidenschaften nachzugehen – der Poesie. Die Abgeschiedenheit, harmonische Ausstattung und der Ausblick auf die umgebende Landschaft inspirierten die Kaiserin zu zahlreichen Gedichten, deren Mittelpunkt meist ihr „Zauberberg" – der Jainzen – bildete.

„Ich eil ins Reich der Träume"

Seit ihrer frühesten Jugend hatte Elisabeth meist sehnsuchtsvolle und schwärmerische Gedichte geschrieben, ab den 1880er-Jahren nahm diese Leidenschaft einen Großteil ihres Tages in Anspruch. Bedingt durch ihre Ischiasschmerzen, musste sie schließlich die Reiterei aufgeben und fand in der Welt der Poesie und im Dichten eine neue Zuflucht. Marie Valerie war froh, dass ihre Mutter einen Ausgleich gefunden hatte, der sie glücklich machte, und notierte im Juni 1887 in Ischl: „Nachmittags im Garten, wo mir Mama ein langes Gedicht von sich vorlas und mir sagte, nur ich verstehe sie. Seit ihrem innigen seelischen Verkehr ist Mama wirklich … ruhiger und glücklicher und hat im Sinnen und Dichten … eine befriedigende Lebensaufgabe gefunden … Das Aufgeben des Reitens wegen ihrer Fußschmerzen … hat sich als notwendig für ihre Zufriedenheit herausgestellt.[49]
Von ihrem Lieblingsdichter Heinrich Heine inspiriert, schrieb Elisabeth zahlreiche Gedichte. Sie liebte aber auch Shakespeare, identifizierte sich mit der Feenkönigin Titania aus dem *Sommernachtstraum* und verlieh in ihren Gedichten ihrer Einsamkeit und dem Gefühl, von ihrer Umwelt nicht verstanden zu werden, Ausdruck. In Ischl konnte sie sich dafür in ihr Cottage

*Das malerische „Marmorschlössl" aus naturbelassenem rosagrauem
Marmor ist fast zur Gänze von einer gusseisernen, reich verzierten
und dicht bewachsenen Veranda umfangen und diente in erster Linie*

als kühler Rückzugsort für die heißen Sommertage mit Ausblick auf die umgebende Landschaft, die die Kaiserin auch zu vielen ihrer Gedichte inspirierte.

zurückziehen, in dem sie ungestört war und mit dem einzig-
artigen Blick in den blühenden und duftenden Garten sowie auf
ihren „Zauberberg", den Jainzen, die passende Atmosphäre für
ihre Gedichte fand:

Weiss einen Wundergarten,
So wunderinnig schön,
Der Blumen alle Arten
Vielduftig darin steh'n.

Magnolia und Rosen,
Reseda und Vanille,
Die lieblichen Mimosen
Im bunten Farbenspiel

Grossäugige Penseen
Und schlanke Fuchsias,
Durchsicht'ge Azaleen,
Vom Morgentau noch nass.

Die alle wuchern, ranken
Und blühen Tag und Nacht,
Als gäb' es keine Schranken
Für ihre Blütenmacht

Und aus des Gartens Mitte
Ein Zauberberg sich hebt;
Ich fühl' mit jedem Schritte
Mich dort wie neubelebt.

Es flüstern seine Buchen
Geheimnisvoll mir zu. –
Nie ging vergebens suchen
Ich oben Heil und Ruh!

Die Felsen singen Lieder,
Der Epheu wird Gedicht,

Die Tannen rauschen wieder,
Was die Ciclame spricht.

Es geht ein Summen, Brausen
Den ganzen Berg entlang,
Als würden Nymphen hausen
Mit Zithern und Gesang.

O du mein Berg der Lieder!
O du mein Feenreich!
Voll Gaben steig ich nieder,
Aus deinem Waldbereich!

(„Mein Zauberberg", Nordseelieder, 1885)

Siehst Du die Villa dorten
Aus weissem Marmelstein?
Auf Fuchsias aller Sorten
Ruht mild des Mondes Schein.

Viel luftige Veranden,
Die zieh'n sich um das Haus.
Und wilde Weinguirlanden,
Die wuchern ein und aus.

(„Mondmärchen am Zauberberg", Ischl, 1887)

Mein Wald! Im lichten Maienkleide
Vom Lenze blendend schier geschmückt,
Wie bist du meines Herzens Freude,
Wie macht mich deine Pracht verrückt.

Auch ich will hier so lange weilen
Als jeder Fruchtbaum Blüten trägt,
Und in die Ferne einst enteilen,
Wenn er sein Brautkleid abgelegt.

(„Ich bin so scheu …" Ischl, August 1888)

Gold'ne Tage stiller Ruhe,
Klösterlicher Einsamkeit!
Tief ins Herz euch eingetragen
Hab' ich, voller Dankbarkeit

Ganz allein mit den Gedanken,
Die kein fremder Misston stört;
Tag und Nacht das tiefste Schweigen –
Glücklich, wer nur sich gehört!

(„ Titania", Nordseelieder, September 1885)

Hier in den grünen Zweigen
Die müde Möve ruht,
Der Fels ist jetzt ihr eigen,
Der Baum ihr Heim und Gut.

(„ Heimweh", Ischl, Sommer 1886)

Und jetzt bin ich ans Ziel gelangt,
Ich lass mich langsam, langsam nieder;
Nach meinem Berg hat's mich verlangt,
Sein Zauber brachte mich heut' wieder.

(„ Zauberberg", Kaiserin Elisabeth, Ischl, 22. April 1887)

Das Dichten war für Elisabeth Flucht und Halt gleichzeitig, dennoch war ihre Familie besorgt darüber, dass sie dermaßen in ihrer Welt versank. Franz Joseph, der generell wenig für Poesie übrighatte, konnte den „Wolkenkraxeleien" seiner Frau nicht viel abgewinnen und Tochter Marie Valerie vertraute ihrem Tagebuch an: „Mama las mir wunderschöne Gedichte vor ... kann nicht genug über Leichtigkeit staunen, mit der sie dichtet ... Sogar Onkel Gackel, der eines las, fand das Gedicht sehr schön, warnte aber Mama davor, sich zu intensiv in die überspannten Ideen zu bohren, in denen sie lebt, denn er meint durch diesen eingebildeten Seelenverkehr mit Heine könne sie ihre Nerven so überreizen, dass sie am Ende noch ‚umschnappe' – Abgesehen von den sie oft erschreckend aufregenden Ideen Mamas, ist aber glaube ich dies Dichten ein Glück für sie … eigentümliches Leben, das meiner Mutter – ihre Gedanken beschäftigt die Vergangenheit, ihr Streben nach ferner Zukunft: die Gegenwart ist ihr ein wesenloses Schattenbild, ihr größter Stolz dass niemand ahnt, dass sie eine Dichterin …"[50] Dazu muss jedoch angemerkt werden, dass Männer generell skeptisch bis ablehnend auf künstlerische Talente von Frauen reagierten und vor allem dichtende Frauen als überspannt und überreizt abtaten und weder ernst nahmen noch anerkannten.

Auch wenn Elisabeth bei ihren Wanderungen und Bergtouren zu vielen Gedichten inspiriert wurde – der Jainzen blieb ihr Lieblingsberg, auf dem sie auch für ihre Tochter ein Marterl errichten ließ, an dem ein ihr gewidmetes Gedicht angebracht war. Marie Valerie war überrascht und gerührt, als sie es entdeckte: „… der Jainzen ist ja Mamas Zauberberg, wo sie dichtet und träumt und selbst mich kaum mehr etwas erstaunen könnte … was war da mein Erstaunen, als ich statt allem, was ich für denkbar gehalten, ein wunderschönes Marienbild in Art einer kleinen Kapelle sah und darunter das Gedicht: ‚O breite deine Arme aus … Welch Gabe zu meinem Namenstag …'"[51] Dieses Gedicht war auch das einzige, das der Öffentlichkeit bis zur Öffnung des literarischen Nachlasses der Kaiserin, der sich im Schweizerischen Bundesarchiv in Bern befindet, im Jahre 1978 bekannt war.

„Ich werde auch niemals müde ..."

Wandern und Bergsteigen mit Sisi

Spazierengehen und Wandern gehörten zu beliebten Freizeitvergnügen fürstlicher Damen im 19. Jahrhundert. Sowohl die Habsburger als auch die Wittelsbacher waren traditionell begeisterte und begabte Bergsteiger und eine starke Naturverbundenheit charakteristisch für die beiden Familien. Schon Franz Joseph war seit seiner Kindheit halbe Tage zu Fuß durch den Wienerwald und die Praterauen spaziert und machte bis zu seinem Tod einen mindestens einstündigen Spaziergang am Tag.

Elisabeth hatte seit ihrer Kindheit viel Zeit im Freien verbracht und von ihrem Vater nicht nur die Liebe zur Natur, sondern auch zum Bergsteigen geerbt. Durch die Reiterei besaß sie außerdem eine außergewöhnlich gute Kondition und war auch intensive Fußmärsche gewohnt. Ihrem griechischen Vorleser Constantin Christomanos, der über die Ausdauer der Kaiserin bei ihren gemeinsamen Spaziergängen erstaunt war, erklärte sie: „Ich werde auch niemals müde ... wir haben, meine Schwestern und ich, dies unserem Vater zu verdanken. ‚Man muß auch gehen lernen', sagte er uns immer, und hielt uns einen berühmten Lehrmeister dafür." Dieser Lehrer brachte den Mädchen bei, wie „Schmetterlinge" zu gehen, und ermahnt sie, sich „so wenig wie möglich über die Erde (zu) schleifen ... ‚Aber wir

Ida Ferenczy mit Kaiserin Elisabeth (?) und Bergführern bei einer Bergtour um 1868. Ob es sich bei der Dame mit schwarzem Hut tatsächlich um die Kaiserin handelt, ist nicht gesichert.

gehen nicht, wie Königinnen gehen sollten. Die Bourbonen, die fast nie zu Fuß ausgegangen sind, haben eine Gangart bekommen – wie stolze Gänse. Sie gehen wie wahre Könige."[52] Charakteristisch für die Kaiserin war, dass sie ständig in Bewegung war – selbst beim „Plaudern" mit ihren Töchtern ging sie im Zimmer auf und ab: „Nach Tisch … kam Mama in mein Zimmer herüber, wo wir nach alter Wiener Gewohnheit lange auf und ab gingen …"[53] Von dieser doch außergewöhnlichen Angewohnheit berichtete sogar Kronprinzessin Stephanie in ihren Memoiren: „In Ischl hatten wir die seltene Gelegenheit die Kaiserin zu sehen, die jeden Sommer einige Wochen dort weilte … An klaren Tagen unternahm ich weite Fußtouren mit der Kaiserin, die von früh bis abends dauerten und höchst beschwerlich und ermüdend waren. Die Kaiserin war eine hervorragende Fußgängerin; nur wenige konnten mit ihr Schritt halten. Niemals nahm sie unterwegs eine Mahlzeit, höchstens trank sie einmal etwas Milch oder den Saft einer Orange. Sie rastete nie. Es war überhaupt die Gewohnheit der Kaiserin, sich so selten wie möglich niederzusetzen. In ihren Gemächern befanden sich kaum Sessel; sie brauchte sie nicht, sie ging unablässig auf und ab. Ihre Hofdamen waren oft vor Erschöpfung dem Zusammenbrechen nahe."[54]

Elisabeths Vorliebe für stundenlange Märsche querfeldein und vor allem in hohem Tempo stellte den Wiener Hof – vor allem aber die Hofdamen, die sie begleiten mussten – vor eine große körperliche Herausforderung. Die meisten Hofdamen waren gewohnt, in den Salons sitzend Konversation zu machen und vielleicht eine Runde im Schlosspark zu drehen. Echte Wanderungen stellten sie vor große Probleme. Denn schon die Wiener Spaziergänge gingen von Neuwaldegg aus auf die Sophienalpe, von da nach Hainbach, Weidlingau und Gablitz [ca. 20 km] – vier Stunden in enormem Tempo. Oder vom Lainzer Tor zum Jauner über Weidlingau und dann über den Schafberg nach Neuwaldegg, Dornbach, Hameau, Weidling am Bach nach Sievering [ca. 30 km]. Oder von Pressbaum auf den Pfalzberg bis nach Hochstraß, dann bei der hinteren Pfalzau über den Sattelberg zurück nach Pressbaum in knapp sechs Stunden durch den hügeligen Wienerwald.[55] Diese Touren stellten aber nicht nur die Hofdamen, sondern auch das diensthabende Wachpersonal vor größere Probleme. „Oft werden die Promenaden bis zu sechs Stunden ausgedehnt, ... [sodass] es für die Polizei nicht leicht ist, für die Sicherheit ... einzustehen, da kein Mensch im voraus weiß, wo diese Spaziergänge hinführen, weil Elisabeth meist ohne jeden Plan drauflosmarschiert."[56]

1894 trat die 30-jährige Irma Gräfin Sztáray ihren Dienst als Reisebegleiterin und später auch Hofdame der Kaiserin an und begleitete sie bis zum tödlichen Attentat in Genf 1898 auf all ihren Reisen.

Die einzigen Hofdamen, die bei ihren Spaziergängen mithalten konnten, waren anfangs Marie Festetics und Karoline Fürstenberg. Doch vor allem Karoline Fürstenberg sollte bald an ihre Grenzen stoßen und der kaiserliche Leibarzt Dr. Widerhofer sah sich schließlich gezwungen einzuschreiten: Er erklärte, die Landgräfin Fürstenberg könne ohne ernste Gefahr für ihre Gesundheit die Touren nicht mehr mitmachen. Aber auch der Gräfin Festetics wurde es bald zu viel: „Ich bin totgegangen"[57] notierte sie 1882 in ihrem Tagebuch, und 1883: „Heute bin ich müde – es wollte gar kein Ende nehmen – und 6 Stunden ist viel ... aber sie kann doch nicht alleine gehen, so bleibt nichts anderes über als seinen festen Willen ... abzwingen."[58]

Als in Wien das Gerücht für Entsetzen sorgte, die Kaiserin wäre

Einer der „schönsten Punkte am Traunsee": Traunkirchen mit seinem „malerischen, baumumkränzten Kirchlein" (Josef Rabl, 1887).

in Paris mit dem Omnibus (!) gefahren, meinte Festetics dazu nur lapidar: „Wenn sie das nur täte, wir gehen aber immerfort zu Fuß."[59]

Dass das Tempo der Kaiserin durchaus auch missverstanden wurde, zeigte eine Begebenheit im Prater, als ein dort stationierter Polizist zwei vornehme Damen so rasch gehen oder vielmehr laufen sah, dass er überzeugt war, sie würden von einem Taschendieb oder Räuber verfolgt, und ihnen zu Hilfe eilte. Erst bei genauerem Hinsehen erkannte er die Kaiserin und ihre Hofdame.[60]

Im Salzkammergut wurden die Spaziergänge zu wahren Gewaltmärschen – noch dazu in noch unwegsamerem Gelände. Da Elisabeth einsah, dass sie die Touren ihren Hofdamen, die sie begleiten mussten, nicht zumuten konnte, traf sie entsprechende Vorkehrungen. Bei kürzeren Wanderungen, die „nur" bis zu sieben Stunden dauerten, wurden Tragsesseln mitgenommen oder ein Wagen folgte der Gesellschaft, der die Erschöpften „auflesen" konnte. Da sich Elisabeth dadurch jedoch in

Einst das letzte Haus des Dorfes Gosau: das Gasthaus „Gosauschmied".
Josef Bumberger, der Wirt, führte immer wieder Gäste auf den Dachstein.

ihrer Bewegungsfreiheit eingeschränkt fühlte, wurde 1883 schließlich Sárolta Majláth engagiert, die eine gute Kondition besaß und mit der Kaiserin mithalten konnte. Eine der ersten Wanderungen mit der neuen Begleiterin erwies sich gleich als harte Probe, führte diese doch zu den Langbathseen und zum Wolfgangsee und dauerte beinahe neun Stunden.

Aber auch der Dienst des Vorlesers war kein einfacher, da die Kaiserin auf den stundenlangen Wanderungen die ganze Zeit unterhalten werden wollte. Bei einfachen Wanderungen wurde ihr vorgelesen, bei schwierigeren Touren mussten ihr die Vorleser erzählen oder sich mit ihr unterhalten. Als bei einem Aufenthalt in Ischl kein Vorleser anwesend war, bot Irma Sztáray an, diese Aufgabe zu übernehmen, doch Elisabeth – die sehr wohl wusste, wie anstrengend der Dienst war – lehnte ab: „Sie gibt es durchaus nicht zu, daß ich ihr während der Spaziergänge vorlese, obgleich ich weiß, daß sie es schwer entbehrt, weil es eine ihrer Hauptunterhaltungen ist: ‚Das ist ein schwerer Dienst und paßt nicht für Sie.'"[61] Die meisten Vorleser quittierten ihren

Dienst nach ein bis zwei Saisonen – manche gaben auch gleich auf – wie Constantin Christomanos' Bruder Anton, der eigentlich ursprünglich als Vorleser engagiert worden war. Constantin beschrieb die Reaktion seines Bruders auf seinen ersten Spaziergang mit der Kaiserin folgendermaßen: „Als er zurückkam, las ich ihm etwas intensiv Empfundenes, gleichsam mühsam Ertragenes vom Gesichte ab. Sein Mund war verzogen zu einem blassen Lächeln, das mehr einem Weinen glich, wie es bei ihm immer der Fall ist, wenn etwas Unerhörtes passirt; eine unerwartete Nachricht, irgendein großes Unglück oder sogar ein Todesfall bringt immer ein solches Lächeln auf seine Lippen …"[62] Nach dem zweiten Dienst war es dann endgültig vorbei: „Zu Mittag begann es stark zu regnen. Er kam ganz erschöpft zurück, mit nassen Kleidern. Er erzählte, dass der Regen sie sehr weit vom Schlosse überrascht habe. Er hatte keinen Schirm bei sich. Sie hatte ihren Spaziergang fortgesetzt unter den großen Bäumen des Wildparkes; bei der Rückkehr in das Schloss war er ganz durchnässt."[63] Der Dienst erforderte also abgesehen von Bildung und Kondition auch eine gewisse körperliche Härte. Constantin Christomanos, der klein und verwachsen war, war zunächst über den Vorschlag oder vielmehr die dringende Bitte seines Bruders, ihn zu ersetzen, entsetzt, da er überzeugt davon war, dass die Kaiserin einen konditionsstarken Vorleser suche: „Sie denkt dabei gewiss an einen olympischen Läufer."[64] Doch Constantin Christomanos sollte sogar drei Jahre – bis 1894 – im Dienst der Kaiserin bleiben.

Einfachere Wanderungen unternahm Elisabeth oft mit ihrer Tochter Marie Valerie, beliebte Ausflugsziele führten sie nach Hallstatt, auf der Soleleitung nach Laufen, nach St. Wolfgang, zu den Langbathseen westlich von Ebensee am Fuße des Höllengebirges oder zum Offensee am Fuße des Toten Gebirges, wo die Familie auch Jagdhäuser besaß. Vor allem Franz Joseph hatte zum Höllengebirge eine enge Beziehung, befand sich hier doch das (gepachtete) Hofjagdrevier, das sich von Goisern

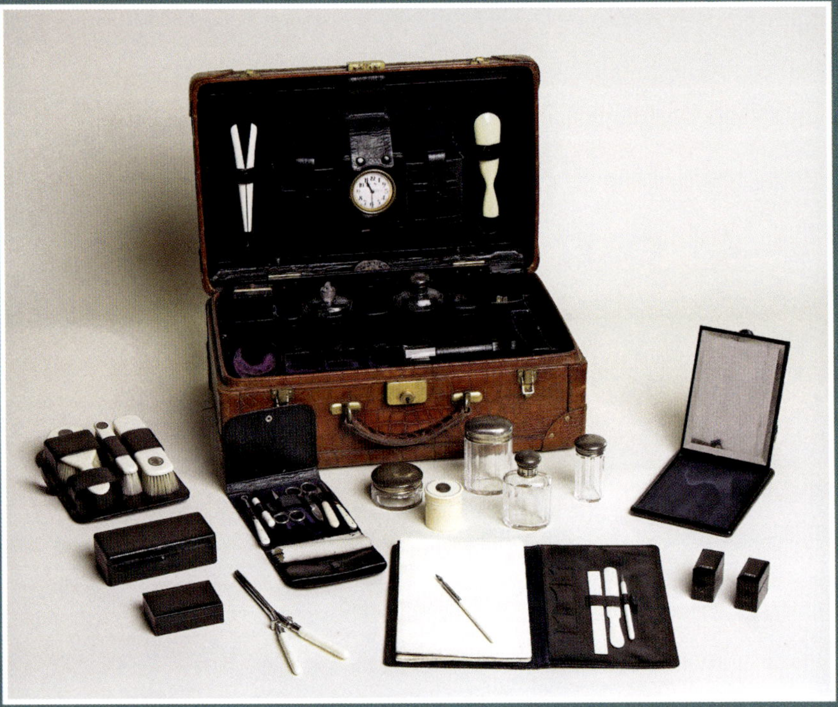

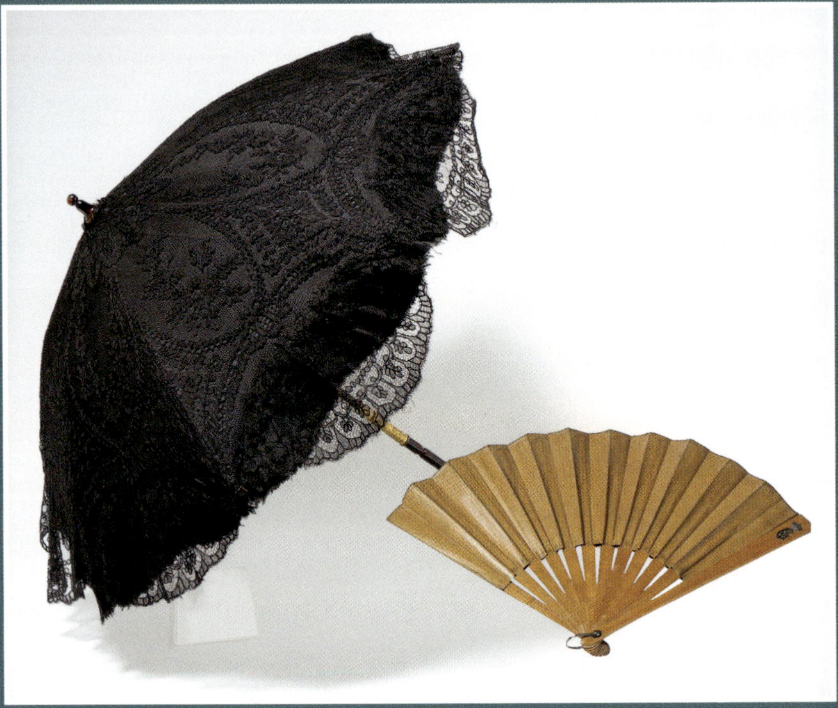

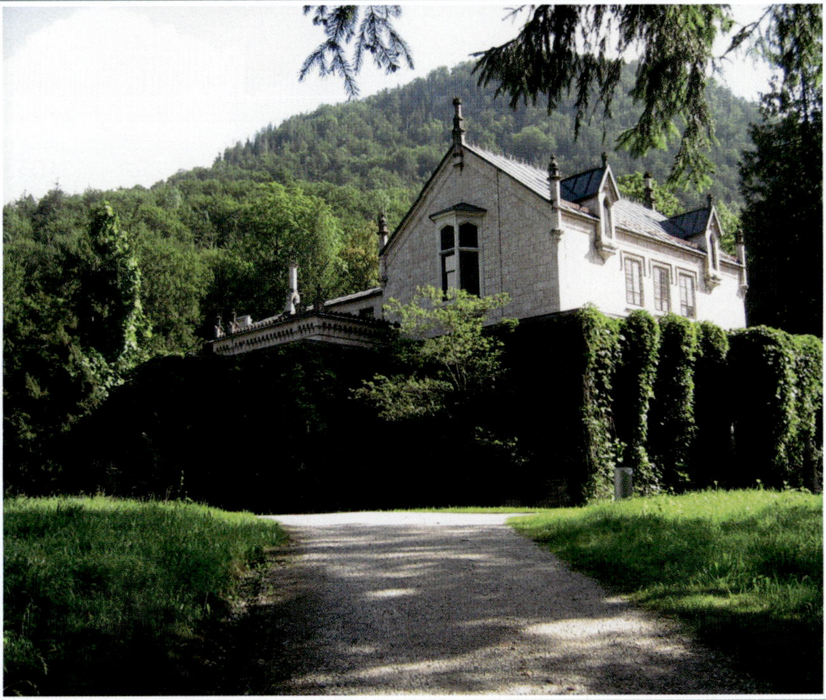

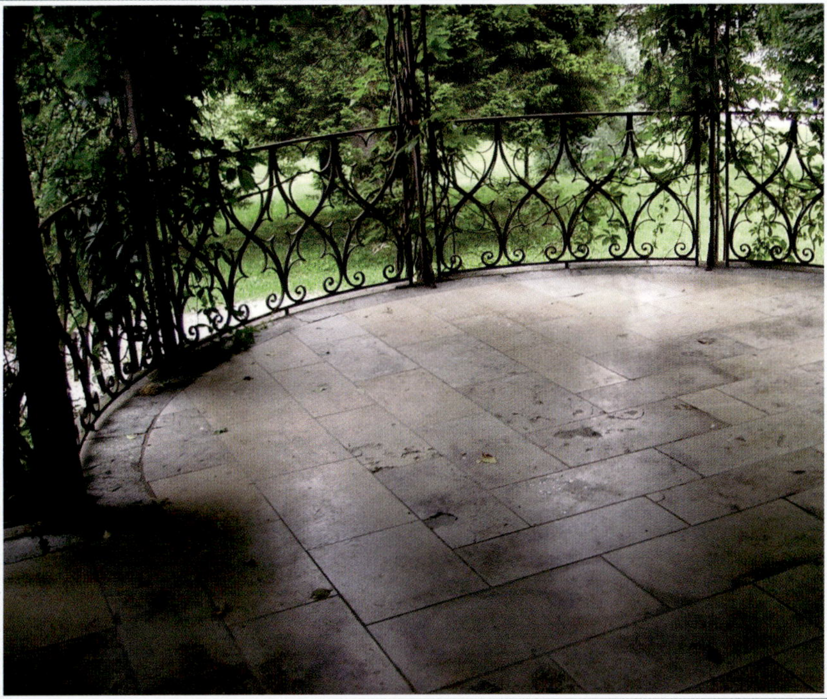

Der Dampfer „Kronprinz Rudolf" verlässt die Hallstätter Anlegestelle.
Ansichtskarte, um 1900.

Seite 89: Elisabeth im Morgenlicht,
Gemälde von Franz Xaver Winterhalter.

Seite 90 oben: Die Reisetoilettegarnitur der Kaiserin.

Seite 90 unten: Schwarzer Spitzensonnenschirm und Lederfächer
der Kaiserin.

Seite 91: Das sog. „Lichte Kleid" der Kaiserin war das einzige helle Kleid,
das die Kaiserin nach dem tragischen Selbstmord ihres Sohnes Kronprinz
Rudolf im Jahre 1889 noch zu besonderen Anlässen wie dem Geburtstag
des Kaisers oder der Verlobung ihrer Tochter Marie Valerie trug.

Seite 92/93: Der Grundlsee. Gemälde von Franz Barbarini, um 1850.

Seite 94: Kaiser Franz Joseph blickt vom Balkon der Kaiservilla nach
dem Wetter. Aquarell von Josef Schuster, um 1898.

Seite 95 oben: Das Marmorschlössl, Elisabeths Refugium in Ischl.

Seite 95 unten: Auf der Terrasse des Marmorschlössls.

traunabwärts auf beiden Seiten des Flusses links über das Höllengebirge zum Attersee und rechts bis über den Traunstein hinaus erstreckte. Elisabeth konnte der Jagd zwar nichts abgewinnen, doch sie liebte die unberührte Natur und da für das gesamte Hofjagdgebiet strengstes Betretungsverbot galt, konnte sie sich hier völlig ungestört bewegen.

Marie Valerie ging zwar gerne wandern und auch bergsteigen – Touren bei anhaltendem Regen, Schneefall oder solche, die um 3 Uhr früh starteten, vermied sie aber lieber. Da Elisabeth stets große Angst um ihre Tochter hatte und ihr sogar generell das Reiten verboten hatte, wollte sie sie bei schwierigeren Partien auch gar nicht dabeihaben und verleidete Valerie mit ihrer ständigen Sorge auch so manch harmlose Wanderung. So notierte die Erzherzogin im Juni 1887 in ihrem Tagebuch: „Eine ungemütliche Partie ... Gamsfeldbesteigung ... Mama zittert bei jeder Blume, die ich pflücke vor Angst, dass ich abstürze.“[65] Aber auch, dass die Witterung für ihre Mutter völlig unerheblich war, konnte sie nicht nachvollziehen und notierte im Mai 1887: „Da es nach Tisch noch ärger schneite ... ungemütlich herumzuwaten ... Mama stieg unbekümmert auf den Jainzen ...“[66] Selbst die lokalen Berichterstatter stellten mit Erstaunen fest, dass die Kaiserin in Gastein „trotz Regens um 6 Uhr früh einen Spaziergang über die Pyrkerhöhe auf dem Kötschachweg zur ‚Schwarzen Liesl‘ und von dort auf der Kaiserpromenade zurück“ unternommen hätte und schlechte Witterung „durchaus kein Hinderniß zur Unterbrechung der täglichen Spaziergänge“ sei.[67] Ihre Gäste in Ischl waren nach Kräften bemüht, der „Ehre“, sie auf einem Spaziergang begleiten zu dürfen, auszuweichen. Der achtzigjährige Kaiser Wilhelm I., der zu Elisabeths glühendsten Bewunderern zählte, entschuldigte sich bei einem solchen Anlass am 9. August 1882 wegen „zu fortgeschrittener Jugend“[68] und fragte auch Marie Valerie besorgt, ob sie denn ihre „Frau Mama auf ihre Jewaltstouren bejleite“.[69]

Sesselträger in Ischl.

Ein neuer Berufsstand hat in Ischl Konjunktur: die Sesselträger.
Fotografie, um 1870.

Noch größere Begeisterung als für Spaziergänge zeigte die Kaiserin jedoch für Bergtouren auf die Gipfel rund um Ischl. Eine ihrer Lieblingstouren sollte die Besteigung des Losers werden, die sie 1884 erstmals erlebte. Elisabeth war am 25. August zu Fuß durch den Fludergraben aus Ischl nach Altaussee gewandert und zum ersten Mal auf dem Loser gestanden. Sie übernachtete in der zwei Jahre zuvor erbauten Loserhütte – die kaiserliche Eintragung ins Hüttenbuch wurde später gerahmt und hing jahrzehntelang in der Hüttenstube, bis sie vor einigen Jahren gestohlen wurde. Eine Wiederholung der Loser-Tour, ein Jahr später am 19. Juli 1885, scheiterte vorerst an Schlechtwetter. Doch Elisabeth kam am 4. September wieder – diesmal mit ihrer Schwester Sophie und deren Familie sowie Marie Valerie. Der Fremdenführer Alois Grieshofer vulgo Stübler Lois

aus Lerchenreith führte die Gruppe zunächst wieder zur Loserhütte. Danach erfreute sich die Gesellschaft an den „Alm-
raunkerln" (steirischem Schmalzgebäck) der Sennerin der
Augst-Alm Justine Haim. Zuletzt bestieg die Runde den Lo-
sergipfel und war abends wieder in Aussee, wo sie im „Hotel
Hackl" übernachtete.

Ein Jahr später, am 30. September 1886, unternahm die Kaiserin
die Drei-Seen-Fahrt über Grundlsee, Toplitzsee und Kammer-
see und kehrte dann im Gasthaus des Grundlseer Fremden-
verkehrspioniers Albin Schraml ein, der auch das erste
Dampfschifffahrtsunternehmen gegründet hatte. Die Nacht
verbrachte sie im „Seehotel" der Familie Frischmuth in Altaussee, die sich für den Besuch des hohen Gastes – so berichtet der
Chronist – extra Rosshaarmatratzen anschaffte.[70] Bis dahin hatten sich selbst die Angehörigen höchster Kreise mit Strohsäcken
begnügen müssen. Tags darauf bestieg die Kaiserin zum dritten
Mal den Loser, der nun auch im *Loserlied* verewigt wurde:

O fraget nicht nach morgen,
das Heut ist doch so schön!
Verstreut ins Thal die Sorgen,
lasst sie vom Wind verwehn!
Was Eure Herzen möchten,
vertrauts dem Loser an;
In lauschig stillen Nächten,
verrät dem Mond er's dann!
Der dient den Englein oben
als silbernes Brevier,
woraus den Herrn sie loben
und preisen für und für.
So wird der Herr das hören,
was unten niemand weiß,
und sollt Er's euch gewähren,
gebt auch dem Loser preis!

Die Bergführer der Kaiserin: Stefan Hopfer vulgo „Krieg Stefl" (links)
und Alois Grieshofer vulgo „Stübler Lois" (rechts).

1887 kam die Kaiserin gleich dreimal nach Aussee: am 23 Juni
das erste Mal – zu Fuß über den Koppen, wo sie auf eine Kaf-
feejause beim Bahnhofswirt einkehrte. Zwei Tage später führte
der Stübler Lois Elisabeth und Marie Valerie auf die Pfeifer-
und die Brand-Alm, deren Alpenrosenpracht die Damen begeisterte.

Beim dritten Mal am 27. September wanderte die Kaiserin wieder über den Koppen, schickte die Hofgesellschaft mit dem
Stübler Lois auf den Wilden Gößl und ließ sich von einem
zweiten Fremdenführer, dem Bauern Stefan Hopfer vulgo
Kriag (Krieg) Stefl, zum Grundlsee geleiten, wo sie mit der Gesellschaft wieder zusammentraf. Der Kriag Stefl wurde sogar in

einem Gedicht der Kaiserin verewigt – in „Der längste Tag",
in dem sie eine beachtliche bergsteigerische Leistung schildert:
die zehnstündige Überquerung des Toten Gebirges vom
Offensee bis zur Elmgrube im Juni 1888. Zwei Jäger, zwei
Träger, Joseph Komarek, der Leiblakai der Kaiserin und Sárolta
Majláth begleiteten unter der Führung des Kriag Stefl die
Kaiserin.

Der längste Tag.
Vom Offensee nach Elmgrub.

Titania griff zum Stachelstab,
„Ich muss heut, sprach sie, wandern"
Seen entlang, Thäler hinab,
Von einem Berg zum andern".

Den beiden schlossen sich nun an
Der Diener und zwei Jäger
Ein Führer (Kriegs-Steffl heisst der Mann)
Und endlich noch zwei Träger.

Die Wildenseealm ist es jetzt,
Wo sie sich niederlassen,
Wo Wein das müde Blut ergötzt,
Und Milch in ird'nen Tassen.

Behend verteilt die Dame d'honneur
Den Proviant an jeden;
Streicht Butterbrote schnell daher,
Löst der Pakete Fäden.

Dort kaltes Fleisch und Käse hier,
Ei, das scheint euch zu munden;
Es wird der Magen schwerer schier
Bald als der Korb befunden.

Der Bergführer aus Grundlsee, der laut eigenen Angaben seinen Beinamen daher hatte, dass er ein alter Kriegsveteran wäre, der 1859 den Italien-Feldzug gegen Sardinien-Piemont und Frankreich sowie 1865 den schleswig-holsteinischen Feldzug gegen Dänemark mitgemacht hätte, in Italien verwundet worden und in französische Gefangenschaft geraten wäre. Ob die abenteuerlichen Schilderungen des Kriag Stefl den Tatsachen entsprachen, sei dahingestellt, denn „Krieg" war eigentlich nur der Hausname des Hopfer'schen Anwesens in Mosern.

Ein weiterer Bergführer der Kaiserin war Bauernsohn Franz Köberl vulgo Ötzer aus Gössl. Seine Urenkelin hütet bis heute neben einem Foto und einem handgeschriebenen Notenheft mit Landlern, Walzern und steirischen Tänzen auch ein kleines Stück Papier, auf dem der Ötzer stolz vermerkt hatte: „Vor Ihrer Majestät Kaiserin Elisabeth von Österreich Zither gespielt am 21. Juni 1888 in der Elmgrube."

Nach der Nacht im Jagdhaus in der Elmgrube, an die bis heute eine Marmortafel erinnert, stieg die Gesellschaft zum Grundlsee ab und nächtigte wieder im „Hotel Schraml". Am 23. Juni wanderte Elisabeth Richtung Altaussee und bestieg mit ihrem Bergführer den Tressenstein. Am nächsten Tag besuchte die Kaiserin fast unerkannt die Sonntagsmesse in Aussee, fuhr noch einmal an den Grundlsee und kehrte zu Fuß über den Koppen nach Obertraun zurück.

Franz Köberl vulgo „Ötzer".

Auf ihren längeren Wandertouren übernachtete sie manchmal auch auf einfachen Almhütten – doch die Sehnsucht der Kaiserin nach Natur hatte ihre Grenzen. So schilderte sie empört ihre Nacht auf der Karbach-Alm östlich des Traunsees am Weg zum Traunstein in folgendem Gedicht:

Ich sass, des langen Wanderns müde,
Am Herde einer kleinen Alm;
Auf meiner Seele lag der Friede,
Ich betete den Abendpsalm.

Weit offen stand die kleine Pforte,
Das volle Mondlicht quol herein,
Und Milchgeschirre jeder Sorte
Erglänzten hell im lichten Schein.

Im Hintergrund, hoch aufgezimmert,
Der Sennerin ihr Lager stand;
So lang der Mond so göttlich schimmert,
Dacht ich, bleibst du ihm zugewandt.

Das Dierndel schlief schon in der Rauschen,
Erhaben über ihrem Vieh;
Sie wollt' durchaus mit mir heut' tauschen,
Das Bett für mich, das Heu für sie.

Noch einmal trat ich vor die Hütte,
Die Nacht war zaubrisch hehr und schön;
Hoch in des blauen Äthers Mitte
War, blendend schier, der Mond zu seh'n.

Die schneebedeckten Berge hoben
Sich geisterhaft vom Horizont;
Es schien, als sei die Welt hier oben
Von weissen Reisen nur bewohnt.

Das Tosen nur vom Wasserfalle
Drang durch die tiefe Gottesruh',
Und manchmal auch im nahen Stalle
Da seufzte träumrisch eine Kuh.

Doch die Natur ist unerbittlich,
Sie fordert endlich doch ihr Recht,
Und schläfrig sein ist ungemütlich,
Und Bett ist Bett, wenn noch so schlecht.

So legt' ich mich dann endlich nieder,
Und durch die offne Bretterthür'
Da kam auf die geschlossnen Lider
Der Schlaf im Mondgewande mir.

Doch weh! Was stürzt aus Paradiesen
Zurück mich in dies Jammerthal!:
Zerfleischt, gemartert bin von Bissen
Ich, und Million ist ihre Zahl

Und als die Senn'rin kam zu wecken,
genau zwei Stund nach Mitternacht,
Da habe ich zu ihrem Schrecken
Mein nächtlich' Leid ihr laut geklagt.

„Was hast mit Deinem Bett gebrüstet,
Du falsche Alpenjungfrau Dich!
Nach meinem Blut hat Dir gelüstet,
Und grausam traf mich Stich auf Stich.

Mein Körper brennt in heissen Wehen,
Entrüstet sag' ich Dir ade
Sammt den vermaledeiten Flöhen
Und flieh' verletzt aus eurer Näh'.“

(Karbach-Alm, 28. August 1887)

*Das persönliche Milchglas der Kaiserin wurde in einer aufwändig
gefertigten Kassette verwahrt und auf allen Reisen mitgenommen.*

Der Traunsee mit Schloss Ort, im Hintergrund der Traunstein, das „Wahrzeichen des Salzkammergutes" (Josef Rabl, 1887).

Doch Elisabeths Ärger hielt sich nicht lang, bereits am nächsten Tag schrieb sie das Gedicht „Sonnenaufgang". Berauscht von diesem Naturerlebnis am 2028 Meter hohen Gamsfeld nördlich von Gosau zwischen Goisern und Abtenau, schwärmte sie:

Sonnenaufgang

Ich lieb' es, wenn die weissen Nebel wallen,
Am früh'sten Morgen auf dem Berg zu steh'n;
Es taucht auf, wie sie allmählich fallen,
Des Gletschers Spitzen silberweiss zu sehn.

Da nahen, ihn zu küssen, Sonnenstrahlen,
Sein Silber muss in Rosen übergeh'n.
Doch tiefer sinket nicht, ihr Nebelschleier,
Lasst mir bedeckt die Welt, dies Ungeheuer!

(„Sonnenaufgang", Ischl, August 1887)

Von der Hütteneck-Alm oberhalb von Goisern, auf der die Kaiserin seit 1880 ein eigenes „Aussichtssalettl" besaß, bot sich Elisabeth das imposante Bild des Dachsteins, der jedoch nur exzellenten Hochalpinisten vorbehalten war:

Ja, wenn ich ...

Ja wenn ich der Dachstein wär
Ja wenn ich der Dachstein wäre,
O der grossen Herrlichkeit!
Schaute stolz auf alle Meere,
Trotze Zeit und Ewigkeit.
...
Doch die grösste aller Wonnen,
Könnte ich der Dachstein sein,
Den Verwandten wär ich entronnen
Ich sammt ihrer ganzen Pein.

Drum, was ich dem Gletscher neide,
Ist, dass er verwandtenlos;
Ahnet nichts vom bitt'ren Leide,
Blühend im Familienschloss.

Ja, wenn ich der Dachstein wäre,
O der größten Herrlichkeit!
Scherte mich, auf meine Ehre,
Nie mehr um gewisse Leut'.

(„Ja, wenn ich ...", Nordseelieder, Ischl 1886)

Bad Gastein – Hohe Brücke

„*Das Steigen ist anziehender als jede erreichte Spitze* ...“

Bad Gastein

Bevor sich die Familie zum gemeinsamen Familienurlaub in Ischl traf, verbrachte Elisabeth im Frühsommer jedes Jahr ein paar Wochen bei ihrer Familie in Bayern und reiste von dort meist für einige Tage nach Bad Gastein. Hier wohnte sie entweder in der Villa Meran, „einem kleinen gemütlichen Häuschen“[71], das 1828 von Erzherzog Johann errichtet worden war und heute als Hotel dient, oder in den späteren Jahren (1888–1892) in der Villa Helenenburg (heute Hotel Helenenburg). Von Bad Gastein aus unternahm die Kaiserin ihre herausforderndsten Bergtouren, die alles andere als harmlose Wanderungen waren. Doch Elisabeth liebte das Bergsteigen und erklärte ihrem Vorleser Constantin Christomanos, der sich wunderte, dass die Kaiserin jeden Berg, den sie sah, ersteigen wollte: „Es gibt so wenig Plätze auf der Erde …, die nicht abgetreten sind und somit ihren ursprünglichen Charakter unentweiht bewahrt haben. Darunter rechne ich die Gipfel der Berge … Ich kann auf den höchsten und einsamsten Höhen der Berge athmen, freier atmen, wo andere sich verloren fühlen würden … Es ist auch etwas anderes dabei: die Lust am Klettern. Ich muß es von den Ziegen haben, deren Milch ich so gerne trinke. Ich sehe gar nicht darauf wie die Touristen, wieviel Meter hoch ich steige,

Es tosen und schallen/Die Wasser und fallen,/Sie dröhnen und zischen/ Und donnern und gischen./Von Felsblock und Platten/ Im Lichte, im Schatten/Entströmen sie brausend,/ Orkangleich ersausend,/Und sprühend und stäubend/ Die Lüfte durchtreibend ... (Gastunia, Ischl 1888)

sondern ich will nur steigen. Das Steigen ist anziehender als jede erreichte Spitze. Für mich ist die Spitze kein Ziel, sondern ein Hindernis, wie beim Reiten."[72]

Mühelos bestieg sie die höchsten Gipfel der Umgebung und engagierte dafür den damals bekanntesten Bergführer seiner Zeit Rupert Hacksteiner, der sie von 1886 bis 1893 auf all ihren Bergtouren begleitete: den 2650 m hohen Gamskarkogel, den 1800 m hoch gelegenen Bockhartsee oder auf die Haitzingalm. Hacksteiners Honorar war pro Bergtour ca. 30 Gulden (rund 260 Euro) – so konnte er sich als Bergführer des Hoch- und Geldadels ein kleines Vermögen erarbeiten, mit dem er ein Hotel, die „Villa Alpenrose", errichtete, das er bis zu seinem Tod 1935 erfolgreich führte.

Wiederum fühlte sich die Kaiserin jedoch durch die Kondition ihrer Hofdamen eingeschränkt, denn bei Gletschertouren mussten die angeseilten Hofdamen die schwierigsten Passagen sogar hinaufgezogen werden. So erzählte Constantin Christomanos kurz nach seinem Dienstantritt im Dezember 1891: „Ich habe gestern mit einer der Damen gesprochen, welche mir von den Gletschern vorschwärmte – im Sommer natürlich – mit zwei Führern, und angebunden, damit man sie hinaufziehe."[73]

Da die Vorkehrungen immer beschwerlicher wurden, engagierte Elisabeth für Bergtouren 1891 schließlich die 25-jährige Gräfin Janka Mikes von Zabola, die davor auf ihre Kondition und Marschfähigkeiten getestet worden war.

Dass die Bergtouren witterungsbedingt auch zu ungewöhnlichen Nachtlagern und „Komplikationen" führen konnten, schilderte Franz Joseph der „lieben Freundin" Katharina Schratt in seinem Brief vom 4. Juli 1891 aus Gastein und berichtete über eine Bergtour der Kaiserin auf den für seine prachtvolle Aussicht berühmten Gamskarkogel: „Sie hatte Vorgestern bei der entsetzlichen Hitze mit Gräfin Mikes und dem Griechen und nur von einem Führer begleitet um 11 Uhr Vormittag den Aufstieg begonnen und wollte Abends zurückkeh-

Mondän: Bad Gastein auf einer Ansichtskarte um 1900. Mit den Gasteiner Badekuren konnte sich Franz Joseph allerdings kaum anfreunden.

ren. Oben wurden sie vom Gewitter überrascht und mussten die Nacht in einer Alpenhütte auf dem Heu zubringen. Als Nahrung hatten sie den ganzen Tag nur Milch. Der Grieche bekam sein Nachtlager auf dem Heuboden angewiesen und die Almerin wollte durchaus dasselbe mit ihm theilen, so dass alle möglichen Berechnungen und Vorsichtsmaßnahmen nothwendig waren, um seine Unschuld zu retten."[74]

Auch Marie Valerie schilderte in ihrem Tagebuch ihre Ausflüge durchs Salzkammergut und erwähnte dabei immer wieder Bergtouren der Kaiserin, die diese jedoch lieber alleine unternahm. So notierte Valerie im August 1885, als sie von Gastein nach Zell am See kamen, wo auch Elisabeths Schwestern Mathilde (Gräfin Trani) und Sophie (Gräfin Alençon) einige Wochen verbrachten: „Als man mich weckte, erzählte man mir, Mama sei um 1 Uhr nachts auf die Schmittenhöhe mit Sárolta Maylath [Majláth], Führern und Laternen ..."[75]

In Gastein traf sich Elisabeth auch öfters mit Franz Joseph, der die gemeinsamen Tage mit der Kaiserin sehnsüchtig erwartete.

Führte Sisi auf die Gipfel rund um Gastein: Rupert Hacksteiner.

In seinen Briefen an Katharina Schratt schilderte er ihr ihre Spaziergänge und Ausflüge: „Vorgestern sind wir nach Böckstein gefahren, eigentlich der schönste Punkt in der Gegend und von dort auf einem neuen, noch theilweise im Bau begriffenen Wege zu Fuß zurückgegangen und Gestern waren wir wieder im Kötschach Thale …"[76]

Neben den Bergtouren machte sie auch Badekuren – ebenso wie Kaiser Franz Joseph, der davon allerdings weniger angetan war: „Mein erstes und letztes Gasteiner Bad habe ich richtig Vorgestern Früh um fünf Uhr genommen. Nach der mir von der Kaiserin mündlich und schriftlich ertheilten Instruction hatte das Wasser 26½ Grad, ich nahm Umschläge von frischem Brunnenwasser auf den Kopf, sie waren mir aber zu kalt und thaten meinem kahlen Schädel wehe. Ich sollte 10 Minuten im Bade bleiben, blieb aber nur 7 Minuten, da mir das Wasser zu heiß war. Beim Verlassen des Bades wurde ich aus einer Gießkanne mit Gasteiner Wasser von 20 Grad begossen, dann abgetrocknet und dann lag ich eine halbe Stunde im Bette, in welchem ich so fror, dass ich nach eingenommenem Morgenkaffee, durch eine halbe Stunde mit Paletot auf der Kaiser Promenade herumlief, um mich zu erwärmen. Ich muß zugeben, daß das Wasser wunderschön klar und rein ist, anfangs einen ganz angenehmen Eindruck macht, auch sind die Wannen, eigentlich Bäder, geräumig und sehr nett ganz mit Porcellan belegt, allein ich habe das Gefühl, daß bei wiederholtem baden, die Erhitzung und das Eingenommensein des Kopfes doch zu groß wäre. Vielleicht bin ich doch noch zu jugendlich für Gastein ..."[77]

Besonders gemütlich fand Franz Joseph die gemeinsamen Frühstücke und Diners, die ihnen von der privaten Kammerköchin der Kaiserin, Theresia Teufel, zubereitet wurden. Da Franz Joseph die Tage mit der Kaiserin in der Helenenburg liebte, überlegte er sogar, sie zu kaufen; Elisabeth, die sich allein durch den Gedanken wieder eingesperrt und eingeengt fühlte, versuchte diese Idee im Keim zu ersticken und erklärte ihrem Mann, dass sie künftig lieber in Karlsbad Kuren machen wolle, worüber Franz Joseph nicht gerade begeistert war: „Wegen der Helenenburg thue ich nichts, obwohl ich mir nicht denken kann, daß Karlsbad statt Gastein Dir conveniren, gefallen und nützlich sein wird, auch ist es schade ein ganzen Jahr nicht in das doch schöne Gastein zu kommen, wenn es auch mit dem lieben Ischl nicht zu vergleichen ist, was man so recht fühlt, wenn man von Gastein hierher kommt."[78]

Sosehr der Kaiser die Tage mit seiner Frau ersehnt hatte, so sehr vermisste er sie danach. Am 14. Juli 1891 schrieb er aus Ischl nach Gastein: „Meine Stimmung ist melancholisch mit wehem Herzen und Heimweh nach Gastein. Als ich Gestern den Berg unter der Johannespromenade hinunter fuhr und mich traurig und sehnsüchtig nach der Helenenburg umsah, glaubte ich Deinen weißen Sonnenschirm auf dem Balkon zu erkennen und die Tränen traten mir in die Augen. Nochmals meinen heißen Dank für Deine Liebe und Güte während meines Gasteiner Aufenthaltes; so gute Tage habe ich jetzt selten."[79]

In Gastein hatte Elisabeth auch einen kleinen „Flirt" mit einem jungen Mann namens Alfred Gurniak Edler von Schreibendorf, der die Kaiserin glühend verehrte, ihr nachreiste und schwülstige Gedichte schrieb. Auch Elisabeth hielt die einseitige „Romanze" in einigen Gedichten fest, aus denen hervorgeht, dass ihr die Avancen des jungen Mannes zwar schmeichelten, sie sie jedoch niemals erwiderte:

Aus meiner hohen Eisregion
Ruf' ich zu dir hernieder:
Dein Minnen ist umsonst mein Sohn
Erstarrtes grünt nie wieder."

(*„Alfred der verzauberte Eber"*, Wien 1888)

Eine Zeitlang spielte die Kaiserin belustigt und selbstverliebt mit ihm, ließ ihn durch kleine Gunstbeweise zappeln und machte sich in ihren Gedichten über ihn lustig:

Am Zauberberge oben,
Im gold'nen Sonnenstrahl,
Hab' ich mein Netz gewoben
Zu deiner Pein und Qual.

Ich hab dich nicht gerufen,
Du drängtest selbst herbei
An meines Thrones Stufen
Mit endlosem Geschrei.

Was kamst du mir zu stören
Die wonnig süsse Ruh',
Soll mich vielleicht betören
Ein Eselein wie du?

Du willst ein Spiel der Minne,
Verrückter Erdensohn?
Mit goldnen Fäden spinne
Dein Leichentuch ich schon

…

In meiner schönen Mache
Verzapple dich zu Tod,
Ich schaue zu und lache
Von jetzt bis Morgenrot.

(*„Titanias Spinnlied"*, Ischl, Sommer 1888)

Die Villa Helenenburg in Bad Gastein, erbaut 1864 und benannt nach Fürstin Helene Czetwertinsky. Sisi war hier insgesamt fünfmal zu Gast.

Die beiden trafen sich immer wieder auf Spaziergängen oder auf Aussichtspunkten wie der Windischgrätzhöhe – was allerdings nicht unbemerkt blieb. Doch auch dass scheinbar schon bald über die beiden getratscht wurde, ließ die Kaiserin kalt:

> Es steigt am Steig zum Tannenwald,
> Wo sie sich täglich trafen,
> Ein Hexenweib grausig und alt,
> Behaart wie sonst nur Affen.
>
> Sie kreischt ins' Thal mit bösem Sinn:
> „Von ihrem Lilienthrone
> Titanie, die Königin,
> Naht einem Erdensohne."

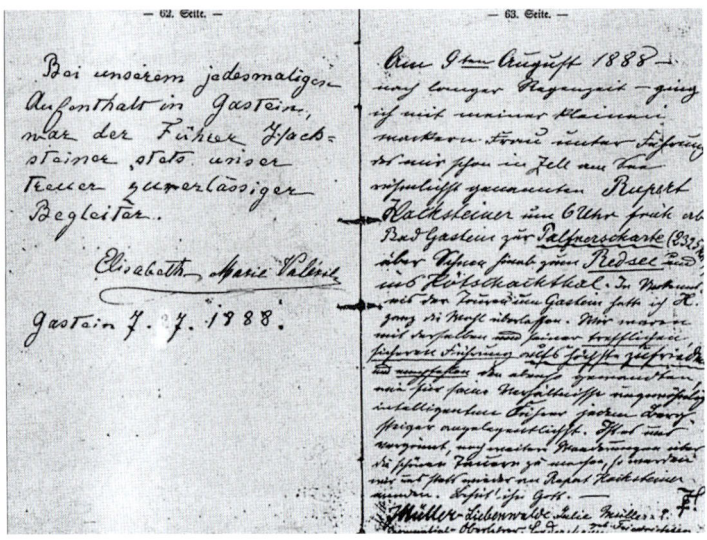

Eintrag Bergführerbuch vom 7. Juli 1888: „Bei unserem jedesmaligen Aufenthalt in Gastein war der Führer Hacksteiner stets unser treuer zuverlässiger Begleiter. Elisabeth, Marie Valerie".

Der Bürgermeister hört dies gleich
Sagt's dem Regierungsrate
Der kündigt's seinem Chef im Reich
Per Telegraphendrahte.

Der and'ren alten Weiber Heer
Verdrehen auch die Augen,
Und meinen, das seit Alters her
Solch Feen nie was taugen.

Titania macht diess wenig Schmerz,
Sie lacht und tändelt weiter:
„Der Tag ist kurz, und kurz der Scherz,
Bald schicke ich ihn weiter."

(*„Windischgrätzhöhe"*, *Ischl, Sommer 1888*)

Als Alfred Gurniak ihr jedoch von finanziellen Sorgen erzählte und sie schließlich um Geld bat, setzte sie dem Ganzen ein Ende:

Und dennoch hiess sie selbst ihn heute gehen,
Stiess ihn zurück mit schneidend kaltem Hohn,
Verachtend seiner heissen Liebe Flehen,
Warf sie zu Füssen ihm den gold'nen Lohn.
Nie wird die Elfenkönigin mehr sehen
Zu heit'rem Spiel sich nah'n den Erdensohn.
Der Liebe lacht sie, und den festen Glauben,
Dass sie verkäuflich, soll kein Gott ihr rauben.

„(Schluss-Stanze", Ischl, Sommer 1888)

„Die Lieb' ist dumm, die Lieb' ist blind ..."

Hochzeit in Ischl

Als sich Marie Valerie 1886 in Erzherzog Franz Salvator aus der habsburgischen Toskanalinie verliebte, beschloss Elisabeth, als „Postillon d'Amour" aufzutreten, und erklärte die Mission nun zu ihrer Lieblingsidee. Selbst Valerie war klar, dass dies nicht ganz uneigennützig geschah: „Mama ist der Gedanke an Franz lieb, es wäre ihr ein Trost mich immer so nahe behalten zu können."[80] Da Franz Salvator als Sohn Erzherzog Karl Salvators („Nino") vor allem in den Augen des Kaisers nicht als passender Kandidat für seine Tochter in Frage kam, verbrachte Elisabeth über mehrere Sommer außergewöhnlich viel Zeit mit der verarmten und eher belächelten Nebenlinie der Familie, um Franz Joseph – der mit dem sächsischen Königshaus liebäugelte – vor vollendete Tatsachen zu stellen. Das Salzkammergut eignete sich – wieder einmal – hervorragend, um unauffällige Familientreffen zu arrangieren, und so unternahm Elisabeth nun vermehrt Ausflüge nach Traunkirchen, wo die Toskana-Linie die Sommermonate in der „Villa Toscana" verbrachte. Abgesehen von gegenseitigen Einladungen wurden Jagden, Ausflüge auf den Schafberg oder nach Altaussee unternommen, damit sich die beiden in ungezwungener und lockerer Atmosphäre näherkommen und besser kennenlernen konnten. Der Plan ging schließlich auf und Franz Joseph lenkte ein. Obwohl sich Elisabeth so vehement für diese Ehe einsetzte, machte sie ihrer

Erzherzogin Marie Valerie empfand die Kaiservilla stets als ihr eigentliches „Zuhause" und erbte sie nach dem Tod der Kaisers.

Tochter diese Zeit besonders schwer, indem sie ihr ständig klagte, wie einsam, verloren und unglücklich sie ohne sie sein würde. Valerie zögerte ihre Entscheidung sogar immer wieder hinaus, da sie sich ihrer Gefühle zwischendurch nicht sicher war und sich vor allem die Klagen ihrer Mutter sehr zu Herzen nahm: „Mama sagte, wenn ich je heirate, werde sie sich nie mehr freuen, mich zu sehen; sie sei wie manche Tiere, die ihre Jungen verlassen, sobald jemand diese angerührt hat … ich schüttete der guten Touzet (Marie Valeries Französischlehrerin und Hofdame) mein Herz aus …"[81] Zu Weihnachten 1888 fand schließlich doch die langersehnte Verlobung statt und Marie Valerie war überglücklich. Da sie Ischl als ihre eigentliche Heimat empfand, sollte die Hochzeit auch hier stattfinden, doch die Vorbereitungen wurden aufgrund des tragischen Selbstmordes des Kronprinzen Rudolf im Jänner 1889 vorerst verschoben. Wie so oft suchte die Familie auch in dieser schweren Zeit Zuflucht in Ischl und verbrachte nach der Tragödie von Mayerling Ostern in der Kaiservilla. Elisabeth verfiel in depressive Stimmungen und so war die Verlobungszeit für Valerie keine glückliche, sondern vielmehr von den Sorgen, die sie sich um ihre Mutter machte, und ihrem zunehmend schlechten Gewissen, ihre leidende Mutter zu verlassen, überschattet. So notierte sie in ihrem Tagebuch, dass Elisabeth „wünschte, dass Jehova sie nur zu sich nähme, dass Papa frei wäre und nicht im Glück gestört durch den Gedanken an das trostlose Leben, das sie ohne mich führen wird. Sie versprach mir, es zu tragen … wenn sie auch den Tod ersehnt …"[82] Elisabeths Schwermut belastete die Familie zunehmend, doch sie schlug alle Bitten, etwas für ihre angegriffene Gesundheit zu tun, aus und meinte nur: „Wozu? Für Papa wäre es eine Erleichterung, wenn ich stürbe, und Du wirst dann im Glück mit Franz nicht durch den Gedanken an mein trauriges Leben gestört … so scheint mir wenigstens – nicht wirklich abgehen wird, wenn ich es verlasse."[83] Elisabeth beklagte immer wieder den Verlust ihrer Tochter, als hätte sie

Erzherzogin Marie Valerie und ihr Mann Erzherzog Franz Salvator bekamen zehn Kinder und verbrachten viel Zeit mit ihnen in Ischl.

keine Möglichkeit mehr, sie nach ihrer Hochzeit zu sehen, obwohl Valerie ja in Österreich blieb. Doch Valerie würde ihr nicht mehr allein gehören und Elisabeth wiederholte immer wieder, dass sie sich allein gelassen fühlte und nun allein und einsam zurückbleiben müsse – wo sie doch ihr Leben ihrem Kind geopfert habe:

Verliebt, verliebt! Und folglich dumm;
Ich kann dich nur bedauern.
Lang geh ich schon hienieden um,
Mich macht die Liebe schauern.

Doch meinem treuen Rate bleibt
Dein Ohr taub und verschlossen
Was Knospen in dem Herzchen treibt,
Das will nun blüh'n und sprossen.

Was nützt es, dass ich Mutter ward,
Und dir zu Lieb entsagte
Dem Leben, wo nach Feenart
Ich wild die Welt durchjagte?

Fort zieht es dich aus meiner Näh'
Zu jenem blassen Knaben,
Trotzdem ich ehrlich dir gesteh',
Ich möchte ihn nicht haben.

Du siehst im Geiste um dich her
Der Kinder zwölf schon wogen,
Zwölf Rotznäschen liebst du dann mehr
Als mich, die dich erzogen.

Die Lieb' ist dumm, die Lieb' ist blind!
So steht's im Schicksalsbuche,
Du musst nun ebenfalls, mein Kind,
Dich beugen diesem Fluche.

Ich aber breite trauernd aus
Die weiten weissen Schwingen,
Und kehr' ins Feenreich nach Haus –
Nichts soll mich wieder bringen.

(„An meine Tochter", 1889)

Vor der Hochzeit in der Pfarrkirche zelebriert Hofburgpfarrer Prälat Laurenz Mayer in der Hauskapelle der Kaiservilla eine stille Messe.

Die Hochzeit Marie Valeries und Franz Salvators fand am 31. Juli 1890 in der Ischler Pfarrkirche statt.

Holzstich nach einer Zeichnung von Alois Greil in der „Deutschen Illustrirten Zeitung", Nr. 47 (1890).

Elisabeth steigerte sich zum großen Bedauern ihrer Tochter in die Überzeugung hinein, dass sie sie mit der Hochzeit für immer verlieren würde und nunmehr einsam durch die Welt ziehen müsse.

Auch die Tage vor ihrer Hochzeit verlebte Marie Valerie nicht als glückliche Braut, sondern war eher damit beschäftigt, ihre Mutter zu beruhigen: „Mama ist wie betäubt von tiefer Melancholie und um so mehr, als sie es nie begreifen kann, wie man sich die Ehe wünschen und von derselben Gutes erwarten kann."[84]

Den 27. Juli 1890 verbrachte sie mit ihrer Mutter am Vormittag allein auf dem Jainzen, am Nachmittag ging sie mit ihren Eltern an der Soleleitung von Steg bis Hallstatt den ganzen See entlang. Der 28. und 29. Juli war mit Stellproben, Dekorationsarbeiten und wieder Proben verplant. Am 30. Juli traf schließlich Franz Salvator ein, der auch dem tränenreichen Abschied Marie Valeries von ihrer heiß geliebten „Zummel" beiwohnte, Marie Gräfin Kornis, die sie als Erzieherin ihr Leben lang begleitet hatte und die Valerie ihre „zweite Mutter" nannte. Den Abend verbrachte die Familie in der Kaiservilla, während in Ischl schon ausgelassen mit Feuerwerken und Höhenfeuer gefeiert wurde. „Kurz vor dem Schlafengehen und nachdem Papa schon zu Bett gegangen war, ging Mama mit Zummel, Amélie (Herzogin in Bayern, Valeries Cousine und beste Freundin) Franz und mir auf den Balkon meines Schreibzimmers und plötzlich erklangen durch die klare, stille Nacht von einem schönen Männerchor gesungen die Worte von Mamas reizendem ‚Loserlied' [siehe S. 99]. Welch ein lieber, schöner Gedanken, dies Lied in Musik setzen zu lassen, um es mir am Vorabend meiner Hochzeit in stiller Nacht vorsingen zu lassen … Zum ersten Mal fühlte ich, dass es nun wirklich zum Scheiden von Mädchenzeit und Elternhaus gekommen und weinte heftig mit übervollem Herzen, aber ohne Bitterkeit."[85]

Valerie zog sich nun allein mit ihrer Mutter zurück und betete mit ihr und als sie Elisabeth schließlich mit den Worten umarmte, sie sei „ein gutes Kind gewesen", war Valerie erstmals erleichtert und hatte das Gefühl, nun für ihren künftigen Ehemann „frei" zu sein.

Dann kam der große Tag. Über einen Monat hatte sich der Hof auf das Ereignis vorbereitet und Remisen, Stallungen und Notküchen erbaut. Auch ein Maschinenhaus für die neue elektrische Beleuchtung der Kaiservilla war anlässlich der Hochzeit errichtet worden. Einige Tage vor der Hochzeit wurden über 80 Pferde der kaiserlichen Hofstallungen nach Ischl transportiert, mit denen nun täglich für ihre Aufstellung trainiert wurde, um sie an die örtlichen Gegebenheiten zu gewöhnen. Aber auch die Gemeinde hatte sich vorbereitet: Auf der Franz-Josephs-Warte leuchteten die Initialen des Brautpaares, auf dem Wildenstein eine große Sonne, der Franz Karl- und Sophien-Monumentalbrunnen am Beginn der Wirerstraße, die Traunbrücke und die Stege über den Fluss sowie die Ufer waren von tausenden kleinen Lichtern erleuchtet und 26 Bergfeuer erhellten die Nacht. Bereits am 28. Juli war das offizielle Hochzeitsgeschenk der Gemeinde Ischl – ein prächtiger Renaissanceschrank – übergeben worden.

Bereits um 7 Uhr früh wurde von den Feuerwehren, den Veteranenvereinen, von Berg- und Salinenarbeitern des Salzkammergutes das Spalier gebildet. Die Ischler Schulkinder zogen in Nationaltracht zur kaiserlichen Villa hinauf und nahmen von dort bis hinunter zum Eingang Aufstellung.

Die kaiserliche Familie selbst traf sich am Hochzeitstag zum Morgengebet in der Kapelle, anschließend wurde Valerie angekleidet und frisiert. Im Zimmer vor ihrem Toilettezimmer fand schließlich die Zusammenkunft des Brautpaares statt, das sich glückstrahlend in die Arme fiel und nun ins Toilettezimmer der Kaiserin gerufen wurde, wo es von ihren Eltern gesegnet und umarmt wurde. Im großen Saal warteten nun bereits die „Kranzljungfern" und Brautführer sowie die Familie. Um

10 Uhr fuhren 63 Familienmitglieder in einem langen Zug durch die geschmückte Stadt, deren Straßen von jubelnden Menschen gesäumt waren, zur Kirche und warteten dort im extra errichteten Hofzelt auf die kaiserliche Familie. Die Kirche konnte nur mit Eintrittskarten betreten werden; im Mittelgang standen weiß gekleidete Mädchen, um der Braut bei ihrem Einzug in die Kirche Blumen zu streuen. Hochaltar und Seitenaltäre waren mit Palmen, Orangenbäumen und Blumen prächtig geschmückt. Schließlich kamen Franz Salvator mit dem Kaiser, Valerie mit ihrer Mutter zur Kirche. Unter Glockengeläute zog Franz, begleitet von seiner Schwester Karoline und Erzherzogin Elisabeth Marie, der Tochter des Kronprinzen Rudolf, in die Kirche ein, dann folgten die Kranzljungfern. Valerie wurde von Erzherzog Albrecht, dem Sieger von Custozza, und Thronfolger Erzherzog Franz Ferdinand geleitet. Es folgte das Kaiserpaar mit der verwitweten Kronprinzessin Stephanie und den Eltern des Bräutigams. Elisabeth war strahlend schön und trug ausnahmsweise ein helles Kleid, was für besonderes Aufsehen sorgte, da sie ja seit dem Tod des Kronprinzen sonst nur mehr Schwarz trug. Die Trauung selbst dauerte nicht allzu lange, „denn eine heilige Messe hätte Mama zu lang gedauert"[86], anschließend fand ein Déjeuner im Kursalon statt, dessen beide Säle mit Blumen und Gobelins dekoriert waren.
Nach den Gratulationen kehrte die Familie wieder zur Kaiservilla zurück und Valerie machte sich nun zum endgültigen Abschied von ihrer Mutter bereit. „Mama, die meinem Umziehen beiwohnte, weinte fast ununterbrochen, und auch mir wurde es banger als ich gedacht hatte bei dem Nahen dieser Trennung für viele Monate … Als ich fertig war kam auch Papa, der tief ergriffen war, und um 2 Uhr wurde der Wagen gemeldet … ich … ging mit meinen Eltern in die Halle, wo Zummel und Amélie zum Abschied kamen und mich mein lieber Mann abholen kam … Unendlich schwer war mir das Losreissen vom teuern Zummel … der Moment des Scheidens von Papa, besonders von

GRUNDLSEE, VON WALCHERS GASTHOF.

Bad Ischl.

Salzkammergut. Bad Ischl mit dem Dachstein 2996 m.

Salzkammergut. Bad Ischl. Franz Josefs Warte am Siriusko

Salzkammergut. Offensee.
Kaiserl. Jagdschloss.

WANDERUNGEN 1887

1. Postalm – Wiesler Horn
2. Hallstatt – Koppen – Aussee
3. Kalmberg
4. Grundlsee – Lahngangseen
5. Pfeiferalm
6. Gamsfeld
7. Bärenpfad
8. Obertraun – Koppen – Aussee
9. Hoisenrad
10. Rettenbachalm

WANDERUNGEN 1888

1. Bärenpfad
2. Waldbachstrub
3. Perneck – Reinfalz – Hütteneck
4. Offensee – Wildensee – Elmgrube –
   Grundlsee
5. Tressenstein
6. Aussee – Koppen – Obertraun
7. Langbathsee.
8. Sarstein
9. Offensee
10. Rettenbach – Gamskogl
11. Hainzen

Blick auf Ischl, um 1890; im Hintergrund der Siriuskogel.

Seite 129: Das Porträt der Kaiserin von Friedrich August Kaulbach zeigt sie mit ihrem weißen Lederschirm und Lederfächer, ohne die sie niemals ins Freie ging.

Seite 130/131: Die pittoreske Welt der k. u. k. Sommerfrische: Grundlsee (links oben) und Ischl auf zeitgenössischen Ansichtskarten.

Seite 132: Die 1885 errichtete Franz-Josephs-Warte am Siriuskogel. Ansichtskarte, um 1906.

Seite 133: Der Dampfer „Gisela" auf dem Traunsee. Handkoloriertes Glasdiapositiv (oben). Das kleine Jagdschloss der kaiserlichen Familie am Offensee (unten).

Seite 134/135: Unermüdlich unterwegs: die Wandertouren Kaiserin Elisabeths in den Jahren 1887 und 1888.

Mama. Wir stiegen in den über und über mit Alpenrosen und Vergissmeinnicht bekränzten Wagen, selbst die Pferde waren bekränzt, und schluchzend verliess ich, Dankbarkeit im Herzen, das Elternhaus."[87]

Mit der Kutsche ging es nun zum Jagdhaus am Offensee, wo das junge Ehepaar die ersten Tage seiner Flitterwochen verbrachte – völlig ungestört, denn Elisabeth hatte den Schwiegereltern das heilige Versprechen abgenommen, das junge Paar unter keinen Umständen zu stören und keinesfalls auf Besuch zu kommen und sich generell in nichts einzumischen. Elisabeth selbst hielt sich strikt an diese Anweisung und mischte sich nicht nur niemals in das Leben ihrer Tochter ein, sondern verbrachte von dem Tag an nur noch wenig Zeit mit ihr. Wenn, dann blieb sie meist nur ein paar Stunden auf der Durchreise auf Besuch in Lichtenegg bzw. später auf Schloss Wallsee, wo Valerie mit ihrer Familie lebte. Marie Valerie verbrachte dennoch auch weiterhin viel Zeit in Ischl, das vor allem durch ihre Kinder nun immer lebendiger wurde. Gisela und Marie Valerie hatten das Kaiserpaar zu vielfachen Großeltern gemacht (Franz Joseph sollte schließlich 14 Enkelkinder haben) und diese neue „Ära" kam vor allem dem Kaiser zugute, der nun als Großvater ein spätes harmonisches Familienleben genießen konnte. Franz Joseph liebte seine Rolle als „Opapa", wie ihn die Kinder nannten, spielte stundenlang mit ihnen, krabbelte mit ihnen auf dem Boden, spielte Verstecken oder „Hoppa hoppa Reiter", aß gehorsam in der Puppenküche fabrizierte Phantasiegerichte und war selbst beim Baden und Zu-Bett-Bringen der Kinder dabei. Valerie schrieb in ihr Tagebuch: „Die Kinder sind seine größte Freude – er rollte sich sogar am Boden, Ella zulieb."[88] Valerie war beinahe eifersüchtig, da sie sich immer so einen Vater gewünscht hatte, der er damals aber noch nicht sein konnte. Ihre Kinder hatten keine Scheu oder übergroßen Respekt vor ihrem kaiserlichen Großvater – sie waren ausgelassen, kommandierten ihn herum und Valerie merkte, dass ihm genau das großen Spaß machte. „Die Kinder … sind mit ihm vertrauter, als ich es jemals war."[89] Franz Joseph hatte es verabsäumt, ein inniges Verhältnis zu seinen Kindern aufzubauen. Bei seinen Enkelkindern bemühte er sich nun, Versäumtes nachzuholen. Wenn die Enkel zu Besuch waren, durften sie ihm sogar in seinem Arbeitszimmer beim Arbeiten zusehen bzw. neben ihm spielen. Er verteilte dann Umschläge geöffneter Briefe sowie Buntstifte und hob die fabrizierten Zeichnungen stolz auf.

Elisabeth, die ja kein inniges Verhältnis zu kleinen Kindern hatte, hielt sich auffallenderweise kaum gleichzeitig mit ihrer Tochter in Ischl auf. Da sie jedoch genau wusste, dass Valerie Ischl als ihr eigentliches Zuhause empfand, setzte sie sich für ihre Tochter als Erbin ein und tatsächlich verfügte Franz Joseph bereits 1887, dass Marie Valerie einst die Kaiservilla samt Gründen erben sollte. Marie Valerie war überglücklich und notierte in ihrem Tagebuch: „Wie soll, wie kann ich meinen Jubel beschreiben? Mein Ischl … Wie gut und lieb von Mama, so für

Kaiser Franz Joseph mit seinen Enkelkindern bei der Osterbescherung in Wallsee.

*„Die Kinder sind seine größte Freude": Franz Joseph leistet seinen
Enkelkindern beim Spielen und Herumtollen gerne Gesellschaft.*

mich zu sorgen, und von Papa, den Ort, der ja auch ihm der
liebste ist auf der Welt, mir anzuvertrauen."[90] So erbte sie nach
dem Tod des Kaisers im November 1916 die Kaiservilla, die
auch nach dem Ende der Monarchie im Jahre 1918 im Besitz
der Familie Habsburg-Lothringen verblieb, da Marie Valerie
für sich und ihre Nachkommen auf den Thron verzichtete und
daher unter Beibehaltung ihres Privatvermögens in Österreich
bleiben konnte.

„ Was Ob'ron treibt,
das kümmert nicht Titanien ..."

Die „Freundin" –
Katharina Schratt

Elisabeth hatte ihre Hoffnungen auf eine für sie erfüllte Ehe bald aufgegeben und ein Leben abseits des Wiener Hofes durchgesetzt, das sie ausschließlich nach ihren Vorstellungen gestaltete. Das Kaiserpaar hatte sich schließlich trotz völlig unterschiedlicher Charaktere und Lebensführung arrangiert und führte – wohl auch bedingt durch die Distanz – eine freundschaftliche und harmonische Ehe. Das Paar war aber nicht nur vertrauter miteinander als zumeist dargestellt, sondern sah sich auch weit öfter. Auch in den späten Jahren, als Elisabeth viel reiste, trafen sie sich regelmäßig – einige Wochen im Frühling in der Hermesvilla in Wien, einige Tage an der Côte d'Azur im Frühsommer, im Herbst einige Tage in Ungarn – und im Sommer in Ischl. Um ihren Mann während ihrer Abwesenheit in guten Händen zu wissen, war es niemand Geringerer als die Kaiserin selbst, die die Beziehung zur gefeierten Burgschauspielerin Katharina Schratt von Beginn an förderte. „Bei ihr finde der Kaiser nicht die Zerstreuung, auf die er nach anstrengender Arbeit Anspruch habe", erklärte sie ihrer Hofdame Marie Festetics.[91] Elisabeth schätzte die Diskretion und unaufdringliche Freundschaft der Schratt und hatte sich damit ein weiteres Stück Unabhängigkeit gesichert.

Die 1853 geborene Katharina Schratt, eine Kaufmannstochter

Die ersten Treffen des Kaisers mit der Burgschauspielerin Katharina Schratt fanden im Salzkammergut, in ihrer Villa bei St. Wolfgang statt.

Blick über den Wolfgangsee, der in alter Zeit nur „Abersee" genannt wurde.

aus Baden bei Wien, begann ihre Karriere am Wiener Stadttheater, danach nahm sie Engagements in Berlin, St. Petersburg und Amerika an. 1879 heiratete sie den ungarischen Baron Nikolaus Kiss de Ittebe, bekam einen Sohn, trennte sich jedoch schon bald von ihrem Mann, ohne sich von ihm scheiden zu lassen, und kehrte nach Wien ans Burgtheater zurück. Elisabeth, der Franz Josephs Interesse an der Schauspielerin nicht verborgen blieb, wurde 1886 aktiv und bat über ihre Vertraute Ida Ferenczy den Maler Heinrich von Angeli, ein Porträt der Schratt auf ihre Kosten zu malen – über den Auftraggeber aber zu schweigen. Als das Porträt fertig war, lud Angeli die Schratt in sein Atelier ein, damit sie die Auftraggeber kennenlerne. Katharina Schratt war völlig überrascht, plötzlich dem Kaiser gegenüberzustehen, und reagierte verständlicherweise zunächst ziemlich verschüchtert – fand aber bald wieder ihr Selbstbewusstsein und ihre Schlagfertigkeit, für die sie berühmt war. Nach einigen Worten wurde auch gleich ein Treffen für den Sommer im Salzkammergut vereinbart. Wie viele Künstler hatte

*Schauplatz der ersten Treffen zwischen Katharina Schratt und Kaiser
Franz Joseph im Salzkammergut: die Villa Frauenstein.*

auch Katharina Schratt eine Villa für die Sommermonate gemietet – in diesem Jahr die Villa Frauenstein am Wolfgangsee. So fand das erste private Treffen der beiden im Salzkammergut statt, und Franz Joseph, der es gar nicht erwarten konnte, sie wiederzusehen, „bombardierte" die Schratt mit Briefen, wann sie denn nach Frauenstein komme und er auf Besuch kommen könne. Schließlich ergriff er die Initiative und schrieb ihr am 7. Juli aus Ischl: „Meine gnädige Frau, Da ich nach Ihrem letzten Brief vermuthe, dass Sie Heute bereits in Frauenstein sind, so erlaube ich mir zu melden, dass ich, wenn Sie nichts dagegen haben, Übermorgen den 9. ungefähr um ½ 9 Uhr Früh zu Ihnen kommen werde. Diese für eine Visite bei einer Dame ungehörig frühe Stunde werden Sie vielleicht damit entschuldigen, dass ich ja weis, wie früh Sie oft auf sind und dass meine Geschäfte mich um diese Zeit weniger hindern von hier abzukommen. Ich werde um 7 Uhr Früh von hier nach Wolfgang fahren und mich von dort zu Fuß durchfragen, bis ich Frauenstein gefunden habe. In der frohen Erwartung baldigen Wiedersehens, bleibe ich Ihr ergebener Franz Joseph."[92] Der Brief brachte Katharina Schratt ziemlich in Bedrängnis, da sie gerade erst angekommen war und kaum Zeit hatte, sich auf den kaiserlichen Besuch vorzubereiten. Über dieses erste Rendezvous gibt es zahlreiche Anekdoten – von der Verlegenheit, in die sie der Kaiser brachte, indem er auf die aus reiner Höflichkeit gestellte Frage, ob sie etwas anbieten könne – obwohl noch nichts im Haus war –, freudig antwortete: „Freilich, freilich, ich freue mich schon sehr aufs Frühstück", bis zu ihrem verzweifelten Ausruf „Jessas, und jetzt hab ich nix anderes als eine schlechte Kaiserliche (wie die Zigarren der k. k. Tabakregie im Volksmund hießen) im Haus!"[93] Dennoch scheint das Treffen positiv verlaufen zu sein, denn der Kaiser bat bald wiederkommen zu dürfen.

Kurz darauf sagten sich auch die Kaiserin und Marie Valerie zu einem Besuch in Frauenstein an. Marie Valerie notierte: „Nachmittags fuhren Mama und ich nach Wolfgang, von wo wir nach Frauenstein gingen. Die schöne junge Schratt wohnt dort; sie zeigte uns das hübsche Haus, das sie gemietet ... herzig und natürlich und sprach sehr unburgtheaterisch furchtbar wienerisch. Mit Geld, das wir von Frau Schratt ausgeliehen, fuhren wir zu Dampfschiff zurück."[94]

Mit diesem Besuch erreichte Elisabeth geschickt, dass kein Getratsche aufkam, galt doch die Schratt von nun an als gemeinsame Freundin des Kaiserpaares und nicht des Kaisers. So kam es schließlich Anfang Juli 1888 sogar zur Einladung in die Kaiservilla, die eine besondere Auszeichnung darstellte und insofern von besonderer Bedeutung war, als Elisabeth Katharina Schratt damit ganz offiziell zu einer „Freundin der Familie" machte – galten Ischl bzw. vor allem die Kaiservilla doch als Familienrefugium, das eigentlich ausschließlich Familienmitgliedern vorbehalten war.

Franz Joseph kündigte Katharina Schratt an, dass sie eine Einladung der Kaiserin in die Kaiservilla erhalten werde und sich darauf vorbereiten solle, ein kleines Gedicht in das Gästebuch

Das friedlich wandernde Paar wird zum Symbol der Epoche: Kaiser Franz Joseph und Katharina Schratt bei einem Spaziergang in Ischl.

der Kaiserin eintragen zu müssen: „... bereiten Sie sich daher auf eine hervorragende poetische Leistung vor"[95] – was Katharina Schratt zusätzlich nervös machte. Das „Jainzen Stammbuch" war Elisabeths Gästebuch, für das sie 1886 als Einleitung ein Gedicht verfasst hatte, in dem sie schilderte, wie sie einst ihrem Grab entsteigen werde, „um auch als Geist den trauten Zauberberg zu besuchen und die Lieben drunten im Tal zu segnen"[96].

Aufgeregt schrieb Katharina Schratt dem Kaiser: „Für die Freuden-Nachricht, dass Ihre Majestät die Kaiserin so gnädig sein will, mich auch in Ischl zu empfangen, danke ich herzlichst: ich werde mir alle mögliche Mühe geben, möglichst vernünftig zu sein und nicht zu viel Angst zu haben. Wenn es nur etwas nützt!? Aber ich bitte jetzt schon um die höchste Nachsicht, wegen der poetischen Leistung, die Ihre Majestät die Kaiserin von mir verlangt. Euer Majestät schreiben ich soll mich vorbereiten. Ja – wenn das nur so leicht wäre – ich fürchte das Ärgste: - denn ich finde das Dichten ungeheuer schwer."[97] Vier Wochen lang quälte sie sich mit der erwarteten poetischen Meisterleistung und bat den Kaiser, das Ergebnis sicherheitshalber vorab zu begutachten: „Jedenfalls werde ich das ganz improvisirte Gedicht vorher in Frauenstein zur allerhöchsten Censur vorlegen (wenn ich mich wegen der sicheren Blamage nicht allzu genire) …"[98] Es sind mehrere handschriftliche Fassungen des Gedichtes erhalten, die belegen, wie schwer es ihr fiel, ein paar Zeilen zu dichten. Schließlich entschied sie sich, Anleihen bei Wilhelm Busch zu nehmen:

Wie wohl ist dem, der dann und wann
Sich etwas Rechtes dichten kann
Und bei der schönen Aussicht hier,
Dies bringen darf gleich auf Papier!
Ich bin leider sehr kummervoll
Und weiß nicht, was ich schreiben soll.
Ihr Prinzessin, von der Mus' geküsst
Ahnt nicht, wie schwer mirs Dichten ist. *(nach Busch)*[99]

Am 1. August 1888 informierte Franz Joseph Katharina Schratt über die Einladung sowie das Besuchsprogramm: „Die Kaiserin, welche Gestern um 5 Uhr glücklich und, Gott lob, im besten Wohlsein angekommen ist, bittet Sie, Sie möchten sie nächsten Samstag besuchen. Ich habe diesen Tag, der übrigens auch uns sehr gut passt, in Vorschlag gebracht, weil er Ihnen wohl der bequemste ist, da Sie wahrscheinlich ohnedem wegen des sonntäglichen Kirchenganges nach Ischl gekommen wären. Sie werden daher gebeten Samstag um 4 Uhr zum Baron Nopcsa [Obersthofmeister der Kaiserin] zu kommen, der Sie zur Kaiserin führen wird. Dann kommt die Besteigung des Jainzen die, nach Ansicht der Kaiserin ungefähr 3 Stunden in Anspruch nehmen dürfte, nemlich die ganze Promenade, und dann erst folgt ein gouter, daher es doch gut wäre, wenn Sie früher etwas essen würden, denn sonst könnten Sie während des Gehens doch hungrig werden. Vor oder nach dem gouter, das in der Villa statt finden wird, werden Sie gebeten werden, das hübsche Gedicht in das Jainzenbuch einzutragen. So, das ist das Programm und nun wäre nur zu wünschen, dass wir am Samstag vom Wetter begünstigt wären, denn wenn auch das Paraplui manchmal sehr, sehr angenehm ist, so wäre in diesem Falle besonders wegen der Dachstein Aussicht Sonnenschein besser ..."[100]

Die Besteigung des Jainzen war allerdings keineswegs eine Boshaftigkeit der sportlichen Kaiserin gegenüber der angeblich untrainierten Burgschauspielerin. Aus dem Briefwechsel des Kaisers mit Schratt geht eindeutig hervor, dass die Schauspielerin eine geübte und passionierte Bergsteigerin war und auch jedes Jahr eine Gletschertour absolvierte. Die Schauspielerin verbrachte von nun an viel Zeit mit dem Kaiserpaar und war oft zu Familiendiners eingeladen. Vor allem aber der tragische Tod Kronprinz Rudolfs brachte den Kaiser und Katharina Schratt einander sehr nahe. Franz Joseph suchte und fand bei ihr Trost – Elisabeth war ihm in dieser Zeit keine Stütze. Am 5. Februar 1889 schrieb er an Katharina Schratt: „Heute nur wenige Zeilen ... um Ihnen zu sagen, daß ich in meinem unsagbaren Schmerze, viel und mit den Gefühlen innigsten Dankes an Sie denke. Ihre treue Freundschaft und Ihre wohltuende, ruhige Theilnahme waren uns ein großer Trost in diesen letzten entsetzlichen Tagen ..."[101] Und ein Jahr danach: „... könnte ich nur auch so schön schreiben und meinen Gefühlen den rechten Ausdruck geben, so aber kann ich meinen innigsten Dank nur in die Worte kleiden, die auch nur eine Wiederholung sind: daß ich Sie unendlich, ganz entsetzlich lieb habe. Wie kann ich

*Die Villa Felicitas in Ischl. Jeden Morgen besuchte Franz Joseph hier
seine „Freundin" Katharina Schratt, die immer einen frischen Gugelhupf*

*und den neuesten Tratsch und Klatsch für den Kaiser parat hatte. Und
manchmal schenkte sie ihm so nützliche Dinge wie einen Ventilator.*

Ihnen genug danken für die Güte und den Trost in dem traurigen Jahre, das nun zu Ende ist. Die schweren Augenblicke, die
Sie mit uns durchlebt haben sind ein unauflösliches Band fürs
Leben und so lassen Sie mit der Zuversicht Ausdruck geben,
daß unsere Freundschaft eine treue und feste bleiben wird."[102]
Katharina Schratt wurde zu einem festen Bestandteil seines Lebens und Franz Joseph kam jeden Morgen in die Villa der
„Freundin" – die Villa Felicitas, die Katharina Schratt mittler-
weile in Ischl gekauft hatte. Die Burgschauspielerin hatte immer
einen frischen Gugelhupf, vor allem aber unterhaltsame Ge-
schichten für den Kaiser parat. Manchmal waren bei den Treffen
auch prominente Gäste wie Alexander Girardi oder andere
Schauspieler- und Künstlerkollegen anwesend und trugen
damit zur Unterhaltung des Kaisers bei. Oft gingen sie auch am
Vormittag spazieren oder saßen bei schlechtem Wetter in der
gemütlichen Bauernstube der Villa. Doch Katharina Schratt un-
terhielt den Kaiser nicht nur, sondern kümmerte sich auch um
ihn. Da er ja Gegenstände, die sein Leben erleichtern konnten,
meist als überflüssig ablehnte, schenkte sie ihm einfach immer
wieder nützliche Dinge. Dazu gehörte ein Ventilator, der die
heißen und stickigen Tage in seinem Arbeitszimmer erträglicher
machen sollte, oder ein Bettvorleger.
Die Einzige, die von dieser Beziehung wenig begeistert war, war
Marie Valerie, die in ihr Tagebuch schrieb: „… nachmittags zeigten Mama, Papa und ich der Frau Schratt den Garten … sie ist
wirklich einfach und sympathisch, aber doch habe ich eine Art
Groll, obwohl sie ja nichts dafür kann, dass Papa diese Freundschaft für sie hat, aber die bösen Menschen reden davon und
können nicht glauben, wie kindlich Papa diese Sache auffasst,
wie rührend er auch hierin ist. Aber von ihm sollte man nicht
einmal reden – das tut mir leid und ich finde, Mama hätte darum
diese Bekanntschaft nicht so unterstützen sollen".[103]
Elisabeth selbst sah die Beziehung der beiden wesentlich prag-
matischer und schrieb in einem Gedicht.

Was Ob'ron treibt, das kümmert nicht Titanien,
Ihr Grundsatz ist: Einander nicht genieren.
Frisst Einer Disteln gerne und Kastanien,
Sie selber will sie ihm sogar off'riren.

(*„ Was Ob'ron treibt"*, Ischl, August 1888)

In seinem lebhaften Briefwechsel informierte der Kaiser die beiden Frauen stets gegenseitig über alle Neuigkeiten und machte sich gern darüber lustig, dass beide ständig versuchten, ihr Gewicht zu halten bzw. abzunehmen und äußerst anfällig für „Experimentalkuren" waren. Als er erfuhr, dass Katharina Schratt in Karlsbad eine Abmagerungskur mit Heublumenbädern machte, schrieb er: „Den Zweck dieses neuen Experiments kann ich mir nicht recht erklären und mir nur denken, daß der Heugeruch einen an Rappel gränzenden Zustand der geistigen Fähigkeiten herbeiführen muß, wenigstens in England ist die sogenannte Heukrankheit ein Stadium der durch Dr. Kraft-Ebbing [Richard Krafft-Ebing, ein bekannter Wiener Psychiater] zu behandelnden Leiden. Bis jetzt hatte ich nur von den Heubädern in Tirol gewusst, wo die Bauern sich im paradisischen Costüme in einen Heuschober vergraben … vielleicht bringt Sie Ihre Passion für Experimental Medizin dazu, auch diese ländliche Kur einmal zu versuchen. Die Wiese bei der Felicitas würde sich dazu eignen. Übrigens kann ich, wie bei der Kaiserin, auch bei Ihnen nur meine freudige Bewunderung über die kräftige Natur aussprechen, die all diese Bäder, Wässer, Trankln, Pulver, kalte und warme Behandlungen aushält."[104] Und einige Tage später: „Jetzt wird eben hier auf den Wiesen das besonders schöne Gras gemäht und da macht beim Vorbeigehen die Kaiserin immer die Bemerkung, dass das famose Heublumen zum Baden geben würde."[105]
Katharina Schratt blieb bis zum Tode des Kaisers seine Freundin und Vertraute und starb 1940 in Wien.

„Sie ist ein Wandervogel ..."

Die letzten Jahre

Doch die Aufenthalte im Salzkammergut waren für Elisabeth nicht nur angenehme. Obwohl die Kaiserin eigentlich äußerst wetterresistent war, hasste sie den oft anhaltenden Regen und die damit einhergehende Kälte mitten im Sommer, die sich auch auf ihre Laune auswirkten. „Heute regnet es wieder Ischlerisch", vermerkte Franz Joseph immer wieder in seinen Briefen.[106] Hinzu kam, dass Elisabeth in den 90er-Jahren zunehmend von Rast- und Ruhelosigkeit geplagt wurde. Ihre Hofdame und Reisebegleiterin der letzten Jahre war die junge Ungarin Irma Gräfin Sztáray, die ihre erste Begegnung mit der Kaiserin, die in Ischl stattfand, in ihren Memoiren schilderte: „Am nächsten Tag reiste ich nach Ischl. In begreiflicher Befangenheit stieg ich auf dem Ischler Perron aus, von wo mich ein Hofwagen in die kaiserliche Villa brachte. Der Hof dinierte eben. Ich begab mich daher zu Frau Ida v. Ferenczy, deren tiefinnerliches Wesen und herzlicher Empfang sehr beruhigend auf mich wirkten ... Den Nachmittag verbrachte ich mit Gräfin Mikes, Hofdame Ihrer Majestät. Dankbar gedenke ich dessen, daß sie es war, die mir während der Spazierfahrt die ersten Weisungen für meinen künftigen Dienst erteilte ... Pochenden Herzens stand ich ... an der Ecke der Villa und gleich darauf erblickte ich Ihre Majestät; sie promenierte. Unter ihrem großen weißen Schirm ergoß sich das Licht auf das aufgelöste herabwallende Haar ..."[107] Der vorletzte Aufenthalt im Jahre 1897 war wieder von schlechtem Wetter geprägt: „Der Regen

Kaiser Franz Joseph und Elisabeth kurz vor dem Tod der Kaiserin 1898 bei einem Spaziergang in Bad Kissingen.

fiel in Strömen. Die Kaiserin war darüber verstimmt; auch litt sie an Ischiasschmerzen und wurde mit jedem Tag ungeduldiger. Sie ist ein Wandervogel, in dem der Wandertrieb immer lebendig ist; ein kalter Windhauch genügt und es ist keines Bleibens mehr für sie. Den Wandervogel treibt der Selbsterhaltungstrieb zum Abfluge.«[108] Elisabeth formulierte ihre Rastlosigkeit auch in einem Gedicht:

Ich wandle einsam hin aus dieser Erde,
der Lust, dem Leben längst schon abgewandt,
es theilt mein Seelenleben kein Gefährte.
Die Seele gab es nie, die mich verstand.

Wohl in der Jugend schwärmerischen Jahren
Wand Kränze ich um manches schöne Haupt;
Doch ach! Wie geist- und seelenlos gewahren
Muss ich sie jetzt, da sie die Zeit entlaubt!

Bin von Verwandten ich auch rings umgeben;
Sie steh'n dem Leibe nahe nur und Blut;
Zehnfach versiegelt bleibt mein inn'res Leben,
Meine Seele ein verschlossnes Gut.

Einst jagt' ich rastlos hin auf dieser Erde,
Eng ward mir selbst der weisse Pusztasand,
Das Meer trug mich und meine stolzen Pferde
Hinüber bis an Erins grünen Strand.

Fast ging die Seele mir dabei verloren;
Es war ein Rasen ohne Ruh und Rast;
Doch eine andre hatte sie erkoren,
Von dieser ward auf ewig sie umfasst.

Das Pferd, dies irdisch Kleinod meiner Seele,
Durch höhere Mächte war es mir vertauscht;
Es trat das Flügelross an seine Stelle,
Und meine Seele flog nun wie berauscht.

Ich fliehe vor der Welt und ihren Freuden,
und ihre Menschen stehen mir heut fern;
es sind ihr Glück mir fremd und ihre Leiden;
Ich wandle einsam, wie auf andrem Stern.

Was einst mich schmerzte, wurde mir nun teuer,
Zum Paradies ward die Verlassenheit;
Entfalten kann mein Geist die Schwingen freier,
Fremd sind ihm alle Erdenseelen heut'!

Und voll ist meine Seele zum zerspringen,
Das stumme Sinnen ist ihr nicht genug,
Was sie bewegt, muss sie in Lieder bringen
Und diese senke ich nun in mein Buch.

Dies wird sie treu durch Menschenalter wahren
Vor Seelen, die sie heute nicht versteh'n;
Bis einst, nach langen, wechselvollen Jahren,
Die Lieder blühend aufersteh'n.

O, dass sie dann des Meisters Ziel erreichen!
Ein Trost zu sein, euch, die ihr klagt und weint
Um solche, die im Freiheitskampf erbleichten
Um deren Haupt die Märtyrkrone scheint!

Ihr teuren Seelen jener fernen Zeiten,
Zu denen meine Seele heute spricht,
Gar oft wird sie die euren begleiten,
Ihr lasst ins Leben sie aus dem Gedicht.

(„An die Zukunfts-Seelen", 1887)

Auch in den letzten Jahren schrieben sich Franz Joseph und Elisabeth, wenn sie auf Reisen war, beinahe täglich. Es handelt sich dabei durchaus nicht, wie manchmal behauptet, um oberflächliche Pflichtbriefe, sondern sie schilderten detailliert ihre Tage, Begebenheiten und Gedanken. Elisabeth berichtete ausführlich von ihren Reisen, ihren Erlebnissen und Eindrücken, Franz Joseph erzählte von den Kindern, seinem Alltag und drückte ihr in allen Briefen seine Sehnsucht nach ihr aus. Franz Josephs Briefe begannen immer mit „Meine liebste Engels-Sisi", „Mein lieber Engel" oder „Meine heiß geliebte Sisi" und endeten mit „Dein Dich innigst liebendes (oder „einsames") Männeken", später nur noch mit „Dein Kleiner". 1866 schrieb er: „Mein lieber Engel! Jetzt bin ich wieder mit meinem vielen Kummer allein und sehne mich nach Dir. Komme bald wieder, mich zu besuchen, das heißt, wenn es Deine Kräfte und Deine Gesundheit erlauben, denn wenn Du auch recht bös und sekkant warst, so habe ich Dich doch so unendlich lieb, daß ich ohne Dich nicht sein kann ..."[109]

Franz Joseph sehnte sich auch in den späteren Jahren ihrer Ehe noch immer nach seiner Frau und auch sie bemühte sich, ihm mit Kleinigkeiten eine Freude zu machen – indem er zum Beispiel nach einem Abschied ein Rosenbouquet von ihr auf seinem Schreibtisch vorfand. Franz Joseph war gerührt und die Zeit nach gemeinsamen Tagen fiel ihm besonders schwer. 1893 schrieb er: „Ich gewöhne mich nur langsam an die Einsamkeit, die Augenblicke bei Deinem Frühstücke und die gemeinsamen Abende gehen mir, trotz der in Deinen Zimmern herrschenden Kälte, sehr ab und schon zweimal war ich auf meinem Weg zur Bellaria in Deinen Zimmern, wo zwar alle Möbel verhängt sind, wo mich aber Alles so wehmütig an Dich erinnert ..."[110] 1897 schrieb er nach einem kurzen gemeinsamen Treffen an der Côte d'Azur: „Édes szeretett lelkem [mein süßer geliebter Engel]. Nach so unendlich kurzem Zusammensein, sind wir wieder auf den schriftlichen Verkehr beschränkt. Das ist sehr traurig, lässt sich aber leider nicht ändern. Die neuerliche Trennung von Dir geht mir sehr nahe ..."[111]

Auch 1898, im Jahr ihres Todes, verbrachte die Kaiserin einige Wochen in Ischl, reiste allerdings schon am 15. Juli wieder ab, da sie – wieder einmal – das anhaltend schlechte Wetter vertrieb.

*Eine beliebte Station auf Kaiserin Elisabeths Wandertouren:
der Grundlsee. Photochromatischer Druck, um 1890.*

Ihre Abreise verursachte wie immer großes Aufsehen, war es
doch eine der wenigen Gelegenheiten, die Kaiserin persönlich
sehen zu können. Irma Sztáray erinnerte sich: „Am 15. Juli bot
der Ischler Bahnhof ein glänzendes und ungewohnt belebtes
Bild. Für diesen Vormittag war die Abreise der Kaiserin bestimmt und die Ischler Bevölkerung, ob arm ob reich, strömte
schon seit den frühen Morgenstunden hinaus, um Abschied zu
nehmen von der scheidenden Kaiserin. Auch viele Badegäste
waren erschienen von allen Enden der Welt, um sie zu sehen.
In dem abgeschlossenen Teile des Perrons waren außer dem kaiserlichen Paare die Erzherzoginnen Gisela und Valerie, die Erzherzoge, die Hofwürdenträger in voller Zahl und die Behörden
anwesend. Wir waren schon lange vor der Abfahrt draußen und
während der Kaiser sich mit dem einen oder anderen der Herren in ein Gespräch einließ, ging die Kaiserin mit ihren Töchtern auf dem Perron auf und nieder. In jeden Abschied, und
wäre er nur von heute auf morgen, mischt sich ein trauriger Ak-
kord, ein umflorter Ton ... Sie verabschiedete sich vom Kaiser

Das „Ischlerbahnhofsgebäude" der Salzkammergut-Lokalbahn in Salzburg, um 1895. Aquarell von Hans Peter Pawlik.

und ich sah, wie ihre Augen sich mit Tränen füllten. Zum ersten Male hatte ich ihr Auge naß werden sehen, als sie, auf dem Throne sitzend, die Huldigung der Ungarn entgegennahm, zum zweiten und letzten Male hier an diesem Orte."[112]

Franz Joseph, der seine Frau bis zu ihrem Tode über alles liebte, war wie immer wehmütig und traurig, wenn Elisabeth abgereist war, und schrieb ihr voller Sehnsucht: „Du gehst mir hier unendlich ab, meine Gedanken sind bei Dir und mit Schmerz denke ich an die so unendlich lange Zeit der Trennung; besonders wehmütig stimmen mich, Deine ausgeräumten, leeren Zimmer ..."[113]

Franz Josephs Alltag folgte nun wieder seinen Gewohnheiten. Frühmorgens ging er auf die Jagd oder mit Katharina Schratt spazieren, danach frühstückten sie gemeinsam. Gegen acht war der Kaiser wieder in der Villa und leistete nun dort seiner Tochter Marie Valerie beim Frühstück Gesellschaft. Danach wurde gearbeitet, an heißen Tagen ging er vor dem Essen schwimmen und verbrachte den Nachmittag dann wieder mit Spazier- oder

Pirschgängen und spielte mit den Enkelkindern. Viel Zeit widmete er auch den täglichen Briefen an Elisabeth, in denen er von Jagden und Spaziergängen ebenso berichtete wie von Ponyfahrten mit den Enkelkindern durch den Park, dem Bau neuer Spielhütten und Spielplätze für die Kinder, von ihren Fortschritten, neuen Wörtern, die sie sprechen konnten, und anderen lustigen Begebenheiten. Bei schlechtem Wetter besuchte er auch gern nochmals Katharina Schratt und jausnete mit ihr in der gemütlichen Bauernstube der Villa Felicitas. Am Abend aß die Familie oft gemeinsam mit den Kindern – an besonders schönen Abenden sogar im Freien vor der Villa beim Springbrunnen, wobei das Abendessen des Kaisers jeden Abend ausnahmslos aus seiner heißgeliebten einfachen sauren Milch bestand.

Immer wieder besuchte der Kaiser Plätze, die ihn an Elisabeth erinnerten – so schrieb er ihr Anfang August: „Gestern war ich mit der Freundin auf dem Jainzen ... wir dachten an Dich und besuchten alle Plätze auf der Höhe, zuerst den Polycrates Platz, dann saßen wir einige Zeit bei der Madonna, vor welcher die Lampe brannte und zum Schluss waren wir auf dem Platze mit der Aussicht gegen Ebensee, wo das hohe Reck steht, alles fanden wir in schönster Ordnung, alle Figuren und andere Gegenstände auf ihrem Platze, die Aussicht auf den Dachstein war herrlich."[114]

In diesem Jahr war der Kaiser rund um seinen Geburtstag besonders wehmütig und dankte Elisabeth für ihre brieflichen Geburtstagswünsche mit wenig Hoffnung auf eine bessere Zukunft: „...möchten sie in Erfüllung gehen und wir bessere Zeiten und ein wenig Ruhe erleben! Dazu ist wohl keine Aussicht vorhanden und ich habe so ziemlich jede Hoffnung für die Zukunft verloren."[115]

Doch Franz Joseph sollte Elisabeth nicht mehr wiedersehen. Am 10. September 1898 wurde die Kaiserin vom italienischen Anarchisten Luigi Lucheni in Genf ermordet.

Anhang

Elisabeths Wanderungen und Bergtouren im Salzkammergut 1887/88 [116]

1887

Postalm – Wieslerhorn

„Ihre Majestät, die Kaiserin, welche während des Sommer-Aufenthaltes in Ischl stets einige Gebirgspartien unternimmt, begab sich Montag früh in Begleitung ihrer kaiserlichen Tochter, der Frau Erzherzogin Marie Valerie, Exzellenz Gräfin Kornis, Frau v. Majlath, Hofarzt Dr. Kerzel und Gefolge, sowie einiger Führer und Träger zu Wagen nach Strobl, um von dort aus die Postalpe und das Wislerhorn (1600 m) zu besteigen. Am Dienstag sollte die großartige Tour auf das Gamsfeld fortgesetzt und der Abstieg nach Russbach bei Gosau genommen werden. Die höchsten Herrschaften übernachteten auf der dem k.k. Postmeister in Ischl und Landtagsabgeordneten L. Koch gehörigen, herrlich gelegenen ‚Postalpe' und sollte der Aufbruch am 21. d. zeitlich früh stattfinden. In der Nacht erhob sich indess ein Gewitter, dem länger andauernder Regen zu folgen schien, daher die Tour unterbrochen und der Abstieg wieder nach Strobl ausgeführt wurde, von wo die Rückkehr nach Ischl in den Vormittagsstunden erfolgte."
(Ischler Wochenblatt, im folgenden IWB)

Von Hallstatt fuhr man „weiter mittelst Dampfer nach Obertraun":
Ansicht des Ortes um 1890. Photochromatischer Druck.

In Geuters Wanderführer aus dem Jahre 1910 (im Folgenden *Geuter*) ist die Tour folgendermaßen beschrieben: Südöstlich von Strobl mündet das Weißenbachtal, in welchem die Postalm (1305 m) ein beliebtes Ausflugsziel bildet, das man über den Koglbauer südwestlich in 3 St. erreicht.

Hallstatt – Koppen – Aussee

„Am 23. d. M. fuhren Ihre Majestät die Kaiserin und die Frau Erzherzogin Valerie, von Ischl kommend, per Wagen nach Hallstatt und von da weiter mittelst Dampfer nach Obertraun. Um 3 ¼ Uhr betraten dann die hohen Frauen, gefolgt von einem Kammerdiener, den Weg durch das Koppenthal und kamen um 6 Uhr 5 Minuten am Bahnhofe in Aussee an. In dem kleinen Garten des Stationsvorstandes ruhten die Kaiserin und die Erzherzogin, nahmen Kaffee und Milch zu sich und kehrten mit dem Personenzuge um 6 Uhr 36 Min. wieder nach Ischl zurück.“ (Alpenpost, im Folgenden AP)

Blick auf Aussee vom Sarstein. Photochromatischer Druck, um 1890.

In Griebens Reiseführer aus dem Jahre 1886 (im Folgenden *Grieben*) ist die Tour folgendermaßen beschrieben: Von Obertraun nach Aussee über den Koppen 3 St., für Fussgänger eine äußerst lohnende Partie, meist durch den Wald ... das wildromantische Koppenthal (r. Koppengebirge, Vorgebirge des Dachsteins, l. Sarstein) wird vielfach mit dem „Gesäuse" im Ennsthal ... verglichen.

„Donnerstag begaben sich Ihre Majestät die Kaiserin und Frau Erzherzogin Marie Valerie mit Begleitung nach Aussee. Es wurde bis Hallstatt gefahren und sodann der Weg über den Koppen zu Fuß zurückgelegt. Am Abend erfolgte die Rückkehr nach Ischl per Bahn." (IWB)

Kalmberg

„Gestern, Freitags wurde die ebenso interessante, wie lohnende Tour auf den Hoch-Kalmberg von Goisern resp. Ramsau aus unternommen. Die höchsten Herrschaften mit Gefolge, Führern und Trägern stiegen zunächst zur Scharten-Alpe hinan, von wo aus die Kaiserin mit Frau v. Majlath, einem Führer und Träger die Kalmbergspitze (1831 m) bestieg. Die Fernsicht war ungetrübt rein. Nach der Rückkehr zur genannten Alpe wurde diniert und sodann der Abstieg nach Goisern angetreten. In den bereitstehenden Wagen erfolgte die Fahrt nach Ischl und die Ankunft daselbst um 9 Uhr abends." (IWB)

Grieben: Von Anzenau aus werden einige interessante Hochtouren unternommen, so auf das Ramsauer Gebirge mit dem Hochkalmberg (1831 m, 3 ½ St.).

Geuter: Der Hochkalmberg oder Kahlenberg (1831 m, 3 ½ St.). Die höchste Spitze der Ramsauer Berge wird von Goisern aus südwestl. über Ramsau, die Trockerthon-Alm und die Ramsauer Scharten bestiegen und lohnt durch eine umfassende

Rundsicht. Abstieg nördliche über Hochmuth nach Anzenau (rot-blau markiert) oder auch südlich nach Gosau über die Kahlenberg-Alm.

Grundlsee – Lahngangseen

„Heute begaben sich Ihre Majestät und Frau Erzherzogin Valerie zum Besuche der Lahngangseen nach Grundlsee." (IWB)

Pfeiferalm

„Die Kaiserin und Erzherzogin Valerie auf der Pfeiferalpe. Mit Vorliebe unternehmen Ihre Majestät die Kaiserin und die Erzherzogin Valerie schon seit mehreren Jahren von Ischl aus, wo die kaiserliche Familie allsommerlich durch einige Zeit Hof hält, Ausflüge nach Aussee und dessen herrlicher Umgebung. Auch am Samstag, den 25. d. M. kamen die hohen Frauen, in deren Gefolge sich die Hofdamen, Baronin Mailat und Gräfin Kornis, sowie der Leibarzt, Dr. Kerzl, befanden, mit dem Eisenbahnzuge um halb 11 Uhr vormittags hier an, fuhren in bereitstehenden Wagen vom Bahnhofe in dem Markt und ohne Aufenthalt über den Curhausplatz, die Neugasse und Ischlerstraße zum Wasner. Hier wurden die Wagen verlassen und unter Führung des concessionierten Bergführers Alois Grieshofer, vulgo Stübler Lois, der Weg zur Pfeiferalpe angetreten. Um ¼ 1 Uhr langten die allerhöchsten Herrschaften und das Gefolge dort an. Die Kaiserin und die Erzherzogin gingen noch in die Brandalpe, allwo der reiche Alpenrosenflor sie entzückte und zum Pflücken einlud. Zurückgekehrt zur Pfeiferalpe, stiegen sie auch noch zur dritten Hütte empor. Die hohen Frauen waren voll Bewunderung über die schöne Aussicht, es war aber auch ein herrlicher, sonnenheller Tag, wie geschaffen zu einer Alpenparthie. Auf der Pfeiferalpe wurden auf improvisierter Tafel Erfrischungen serviert und um 4 Uhr der Abstieg nach Sarstein

„Ihre Majestät unternehmen fast täglich Ausflüge in die herrliche Umgebung": der Vordere Langbathsee.

und von da durch die Schachen zum Wasserfall des Teichbaches und zum Bahnhofe angetreten. Auf den Wiesen wurden noch Narcissen gepflückt und große Sträuße davon mitgenommen. Um halb 6 Uhr abends kehrte die illustre Touristen-Gesellschaft per Bahn wieder nach Ischl zurück." (AP)

Geuter: Pfeiferalm (1000 m; 2 St., Führer 2 K), an der Lehne des Niederen Sarsteines, eine leicht zu bewerkstelligende Bergfahrt, die auch Ungeübte unternehmen können und die durch einen schönen Überblick über den weiten Talkessel die kleine Mühe lohnt. Über Sixtsäge und Wasner rot markiert bis zur Bergmeistersäge, von hier in Serpentinen (weiß markiert) zur Alm.

Strobl – Weißenbach – Rinnberg – Angerkaralm

Grieben: Auf den Rinnkogel (1621 m, 5 St.) nur für geübte Bergsteiger, Führer unerlässlich.

Geuter: Abstieg vom Gamsfeld westlich über die Angerkaralm, dann nördlich über die Rinnberg- und Einbergalm nach Strobl.

Gamsfeld

„Eine Gebirgstour der Kaiserin. Sonntag, den 27. August um ¾ 12 Uhr mittags gelangte Ihre Majestät die Kaiserin in Begleitung der Hofdame von Majlath in Strobl an, und begab sich hierauf unter Mitnahme eines Führers und Trägers zu Fuß ins Weißenbachthal, von wo aus über das Geiseck zur Rinnbergalpe und noch am selben Abend auf die Angerkaralpe vorgeschritten wurde. Daselbst übernachtete die hohe Frau in einer einfachen Almhütte auf improvisiertem Lager, um schon morgens halb 3 Uhr nach dem Gamsfeld (2024 m) aufzubrechen, dessen Gipfelpunkt um halb 5 Uhr erreicht wurde. Die Kaiserin genoss daselbst das herrliche Schauspiel des Sonnenaufganges und eine Rundschau von seltener Reinheit und Pracht. Um 6 Uhr wurde der Abstieg angetreten und der Rückweg mit einiger Abänderung auf der gleichen Route wie am Vortage nach Strobl genommen. Um 2 Uhr nachmittag traf die Kaiserin wieder in Ischl ein." (IWB)

Grieben: Von Anzenau aus werden sehr lohnende Hochtouren unternommen, … auf das Gamsfeld oder Haberfeld (2042 m, 7 St.) außerordentlich lohnend. Vom Gipfel imposante Rundschau, überraschend schöner Blick in die in jäher Tiefe liegende, von ungeheuren Felsmassen gebildete, wildromantische Schlucht, die wilde Kammer genannt.

Geuter: Von Anzenau sehr lohnend südwestlich über die Untere und Obere Knallalm und den Wilden Jäger (Jägerkogl 1840 m) auf das Gamsfeld (2024 m) 3 ½ h.

Bärenpfad – Straßeralpe

„Montag, den 19. d. M. unternahm Ihre Majestät die Kaiserin, begleitet von der Hofdame Frau von Majlath, abermals eine größere Tour in unseren Bergen. Vom Goiserer Weißenbach, wo die Kaiserin mit Begleitung um 8 Uhr morgens zu Wagen anlangte,

begab sich die hohe Frau mit einem Führer, einem Träger und einem Bedienten nach der Chorinsky-Klause, dann aufwärts zur Traunbach-Alpe, stieg von dort zur Höhe des Bärenpfades empor, um durch das ,Wildekammer-Thal' zur Straßeralpe und nach siebenstündiger Wanderung um 5 Uhr nachmittags nach Strobl zu gelangen, von wo aus eine Hofequipage die Kaiserin und deren Hofdame nach Ischl zurückbrachte. (IWB)

Grieben: Durch das Strobler Weißenbachthal nach der Wilden Kammer und über den Bärenpfad (1299 m) in 7 Stunden nach Anzenau, nur mit Führer.

Hoisenrad

„Sonntag, den 2. Oktober begaben sich Ihre Majestät die Kaiserin, Frau Erzherzogin Marie Valerie, Prinz von Thurn und Taxis, die Erzherzoge Franz und Leopold Salvator, Prinzessin Auersberg, Excellenz Gräfin Kornis, Frau von Majlath und Baron Pleyel in 3 Hofequipagen gegen Mittag nach Perneck, von wo aus mit einem Führer und mehreren Trägern zur Hoisenrad-Alpe und Kolowratshöhe aufgestiegen wurde. Nachdem in genannter Alpe das Diner eingenommen ward, erfolgte um ½ 4 Uhr der Abstieg auf dem gleichen Wege und die Rückkehr zu Fuß bis nach Ischl. (IWB)

„Am 5. d. nachmittags begaben sich Frau Erzherzogin Marie Valerie mit den Erzherzogen Karl, Franz, Leopold und Albrecht Salvator, sowie Erzherzogin Karoline, Prinz von Thurn und Taxis, Prinzessin Auersberg, Excellenz Gräfin Kornis, Comtesse Zichy, Baron Pleyel, Hofarzt Dr. Kerzel und Gefolge mit einer großen Anzahl von Führern und Trägern nach dem Offensee, wo im kaiserlichen Jagdschlosse übernachtet, und am 6. d. die Partie zum Almsee unternommen wurde. Die Rückkehr zum besagten Jagdschlosse erfolgte am selben Tage und nach Ischl resp. Traunkirchen am Freitag, den 7. Nachmittags. (IWB)

Grieben: Von Perneck aus Besichtigung der Rosa-Wasserfälle, auch die Partie auf die Hoisenradalpe (2 ½ St.) ist von hier empfehlenswert.

Geuter: Ein kurzer Weg führt von der Mühle in Perneck bequem ansteigend zur Hoisenradalm (1 ½ St.).

Rettenbachalm

„Mittwoch, den 12. d. unternahmen Ihre Majestät die Kaiserin, Frau Erzherzogin Marie Valerie, der Großherzog von Toscana mit seinen Söhnen und der Erzherzogin Karoline, welche mit dem Zuge um 9 Uhr vormittags von Traunkirchen hier ankamen, Prinzessin Auersberg, Exzellenz Gräfin Kornis und Hof-

Beliebtes Ausflugsziel: die Rettenbachwildnis bei Ischl.

dame Frau v. Majlath mit Gefolge, Führer und Trägern eine Partie zur Rettenbachalpe. Dieselbst wurde circa ½ 12 Uhr mittags erreicht. Nach dem dort stattgehabten Diner traten die höchsten Herrschaften den Rückweg an und kamen um ½ 6 Uhr abends wieder nach Ischl." (IWB)

Grieben: Auf die Rettenbachalm (2 St.) durch die Rettenbach-Wildnis, erst am linken, dann am rechten Bachufer hinan zu dem schönen, zwischen den Wänden des Höhersteines, des Hüttenkogls und der Schwarzenbergwand eingeschlossenen Thalgrund ... Von hier durch den Fludergraben in 2 ½ St. nach Alt-Aussee.

1888

Bärenpfad

„Ihre Majestät die Kaiserin wie Ihre kaiserliche Hoheit Frau Erzherzogin Marie Valerie unternehmen seit Allerhöchst deren Aufenthalt in Ischl fast täglich Ausflüge in die herrliche Umgebung. Am Samstag, den 9. d. M. wurde eine größere Bergtour ausgeführt. Die Frau Erzherzogin begab sich in Begleitung der Kammervorsteherin Exzellenz Gräfin Kornis und des Hofarztes Dr. Kerzl früh morgens nach Goiserer Weißenbach, von wo aus um 5 Uhr der Weg zur Chorinsky-Klause eingeschlagen, dann zur Traunbach-Alpe und zum Bärenpfade aufgestiegen wurde, um durch das Wildekammer-Thal zum dortigen Jägerhause zu gelangen. Inzwischen fuhr Ihre Majestät um 7 Uhr morgens von Ischl nach Strobl und begab sich in Begleitung der Hofdame Frau v. Majlath in das Strobler Weißenbachthale und aufwärts zum erwähnten Jagdhaus, wo die Allerhöchsten Herrschaften zusammentrafen, um dann gemeinsam die Tour weiter resp. zurück via Straßer-Alpe nach

Strobl Weißenbach auszuführen. Die Ankunft beim Forsthause daselbst erfolgte um 6 Uhr abends, gerade vor heftig losbrechendem Gewitter. Mit den bereitgestellten Hofequipagen wurde alsbald die Fahrt nach Ischl angetreten." (IWB) (Tourenbeschreibung siehe 1887)

Waldbachstrub

„Ihre Majestät die Kaiserin und Erzherzogin Marie Valerie trafen in Hallstatt ein und begaben sich nach kurzem Aufenthalte nach Waldbach-Strub, kehrten von dort um 7 ½ Uhr abends zurück, dinierten im Hotel Seeauer und traten um 8 Uhr abends die Rückfahrt nach Ischl an." (IWB)

Wanderziel Waldbachstrub: Das Wasser stürzt aus ca. 100 m Höhe herab.

Grieben: Ein Besuch des Waldbachstrub (1 St. südwestl. von Hallstadt) nicht zu versäumen. Durch das Echernthal zum Wasserfall, der in drei Absätzen aus einer Höhe von 100 m herabstürzt. In der Nähe der fast gleich große Schleierfall. Beides indes nur nach Regentagen lohnend.

Perneck – Reinfalz – Hütteneck

„… *begaben sich Samstag, den 16. d. die Kaiserin, die Frau Erzherzogin, Exzellenz Gräfin Kornis und Hofdame Fr. v. Majlath über Perneck und Reinfalz nach der Hütteneck-Alpe, um dort eine herrliche Aussicht zu genießen. Der Rückweg wurde in gleicher Weise, dann über Valeriens-Waldpfad, Rettenbach und Steinfeld nach der kaiserlichen Villa genommen.*"

Geuter: Fahrbare Straße bis zum Berghause, dann rechts immer südöstlich auf bezeichnetem Fußweg über Stufen zur Reinfalzalm (1020 m, 1 ½ St.) und links weiter über die Almwiese und durch eine Schlucht zur Hütteneckalm. Einfaches Wirtshaus. Prächtiger Blick auf das Goiserer-Hallstätter Tal und den Gebirgsstock des Dachsteins.

Offensee – Wildensee – Elmgrube

„*Am Donnerstag, den 21. d. M. abends traf die Kaiserin von Offensee über Wildensee kommend, am Lahngangsee im Grundlseer Todten Gebirge ein und übernachtete im fürstlich Kinskyschen Jagdhause in der Elmgrube. Vorgestern hatte sich der hiesige Bergführer Stephan Hopfer, vulgo Kriegsteffel, der telegraphisch berufen worden war, nach Offensee begeben, um der hohen Frau als Führer zu dienen. Forstmeister Noderer und fürstlich kinskysche Jagdleiter Gaiswinkler begaben sich am Donnerstag zum Lahngangsee, um sich dem Gefolge der Kaiserin auf der Wanderung durch ihr Forst- bzw. Jagdgebiet anzuschließen. Auch Hofdienerschaft traf am genannten Tage aus*

Gmunden mit dem Traunstein im Hintergrund, um 1890.

Ischl hier ein und begab sich zum Lahngangsee. Am Freitag machte die hohe Frau von der Elmgrube aus Exkursionen in das umliegende Hochgebirge." *(AP)*

„Im Laufe des heutigen Nachmittags kehrt Ihre Majestät von einer größeren Gebirgstour zurück, die ihren Ausgangspunkt vom Offensee nahm, wohin sich die Kaiserin in Begleitung der Hofdame Frau von Majlath Mittwoch abends begab, um im dortigen kaiserlichen Jagdschlosse zu übernachten. Vom Offensee wurde Donnerstag früh der Aufstieg zum hochromantischen Wildensee unternommen und die Nacht im Fürst Kinskyschen Jagdhause in Elmgrube verbracht. Freitag abend traf die Kaiserin vom Lahngangsee und über das Tote Gebirge kommend in Grundlsee ein und nahm im Hotel ‚Schraml' Nachtquartier. Als Führer diente Stephan Hopfner (Kriegsteffel) von Aussee. Heute wurde die Tour nach Ischl fortgesetzt." *(IWB)*

Geuter: Größere Partien sind die Übergänge vom Offensee südlich über den Wildensee (1554 m) …. über die Kennarweisenalm, den Wilden Gößl (2030 m) und die Elmgrube (1620 m; Schutzhütte) zum Grundlsee (16 St.), die indes nur mit Führer unternommen werden sollten.

Lahngangsee – Grundlsee

„Freitag abends traf die Kaiserin auf dem Abstiege von den Lahngangseen in Grundlsee ein und übernachtete im Hotel ‚Schraml'." *(AP)*

Geuter: Lahngangseen (1555 m, 3 ½ St. nordöstlich vom Ladner-Gasthaus am Grundlsee) die am wenigsten anstrengende und empfehlenswerteste Bergpartie von Grundlsee aus. 25 Min. nördlich oberhalb des Vorderen Lahngangsees ist die nicht bewirtschaftete Elmsgruben-Schutzhütte (1670 m), von der aus viele lohnende Hochtouren zu unternehmen sind.

Tressenstein

„Am Samstag unternahm sie über Bräuhof, Mosern, Untertressen und Obertressen einen Ausflug nach Alt-Aussee und von da über Bartlhof auf den Sattel und Tressenstein. Die Kaiserin, welche von der Hofdame Fräulein von Majlath begleitet war, gab wiederholt ihrer Bewunderung über die Schönheiten des Ausseer Thales und namentlich über das reizende Aussichtsbild vom Tressenstein Ausdruck. Auf dem Sattel nahm die hohe Frau im Hause des vulgo Kanz eine Erfrischung, besichtigte dasselbe in allen seinen Räumen und sprach der Bäurin, die keine Ahnung hatte, dass sie die Kaiserin bewirthe, ihre Anerkennung über die musterhafte Einrichtung und Nettigkeit der Wirtschaft aus. Erst spät abends traf die Kaiserin wieder im Hotel ‚Schraml‘ am Grundlsee ein.“ (IWB)

„In Ergänzung unserer letzten Mittheilung über die Gebirgstour Ihrer Majestät der Kaiserin zum Wildensee, Lahngangsee und Grundlsee entnehmen wir einem Berichte aus Aussee folgendes: Samstag, den 23. d. unternahm die Kaiserin von Grundlsee aus über Bräuhof und Mosern einen Ausflug auf die Obertressen nächst Aussee, ging dann zum Alt-Ausseer See hinab und auf den Sattel, woselbst die hohe Frau im Bauernhause des Kanz Milch nahm, das Haus, welches ihr wegen seiner hübschen Lage, netten Einrichtung und peinlichen Reinlichkeit außerordentlich gefiel, in allen seinen Räumen besichtigte und an die Bäurin anerkennende Worte über die Wirtschaft richtete. Vom Sattel aus bestieg die hohe Frau den Tressenstein (1214 m) und war entzückt über die herrliche Aussicht, die man von dieser Höhe genießt, kehrte dann wieder zurück und übernachtete im Hotel ‚Schraml‘.“ (IWB)

Geuter: Der lohnendste Ausflug von Alt-Aussee aus ist der Übergang von der Südwest-Spitze des Sees aus auf rot markiertem Fußsteig über den Tressensattel (975 m) nach dem Grundlsee. ... Vom Tressensattel in ¾ St. auf den Tressensattel (1214 m, Aussichtswarte) mit lohnendem Panorama.

Aussee – Koppen – Obertraun

„Am Sonntag morgens begab sich die hohe Frau zu Fuße auf dem Promenadenwege nach Aussee und wohnte um halb 8 Uhr in der Pfarrkirche der Messe bei. Die Kaiserin, welche in einem Kirchenstuhle neben einer Bäuerin Platz genommen hatte, wurde nur von sehr wenigen Kirchenbesuchern erkannt. Nach dem Gottesdienste erfolgte zu Wagen die Rückkehr nach Grundlsee, um halb 12 Uhr fuhr die Kaiserin über Aussee nach Unterkainisch und ging durch den Koppen nach Obertraun, von wo aus per Bahn die Rückfahrt nach Ischl erfolgte.“ (AP)

„Sonntag früh ging die Kaiserin in Begleitung der Hofdame Frau v. Majlath durch die Grundlseer Promenade nach Aussee und wohnte daselbst um halb 8 Uhr in der Pfarrkirche der Messe bei. Die hohe Frau wurde nur von wenigen Personen erkannt. Nach dem Gottesdienste kehrte die Kaiserin wieder nach Grundlsee zurück und fuhr dann um 12 Uhr mittags über Aussee zum Bahnhofe, um durch die Koppenschlucht nach Obertraun zu gehen, von wo aus die Rückfahrt mittelst Bahn erfolgte.“ (IWB) (Tourenbeschreibung s. o.)

Langbathsee

„Dienstag früh begaben sich die Kaiserin und Frau Erzherzogin Marie Valerie zu Wagen mit kleinem Gefolge nach den Langbathseen, um dort im kaiserlichen Jagdschlosse Aufenthalt zu nehmen und kleinere Bergparthien auszuführen. Die Rückkehr erfolgte Donnerstag abends 6 Uhr, in reich mit Alpenrosen geschmückten Wagen.“ (IWB)

Grieben: Spaziergänge um Ebensee. Nach (westlich) den Langbathseen (2 ½ St.), Fahrtstraße längs des Langbathbaches in
die Krehrau zu den Seen. Der vordere Langbathsee (675 m) ist
1200 m lang, 450 m breit und mit dem hinteren, kleineren, aber
schöneren See (727 m) durch einen reizenden Weg, über be-
mooste Steine durch eine schattige Fichtenau, verbunden.

Sarstein

„Am Mittwoch begaben sich die Kaiserin und Frau Erzherzo-
gin Valerie mit der Kammervorsteherin Excellenz Gräfin Kor-
nis und Hofdame Frau v. Majlath um 8 Uhr früh nach
Schmaranz, um in Begleitung eines Führers und mehrerer Trä-
ger den Hoch-Sarstein zu besteigen. Die herrliche Tour war
von schönstem Wetter begünstigt. Auf dem Niederen Sarstein
wurde Mittag gemacht und sodann zur Spitze (1973 m) auf-
gestiegen, daselbst bis gegen 4 Uhr verweilt und hierauf der
Abstieg angetreten. Die Rückkehr nach Ischl erfolgte um
8 Uhr.“ (IWB)

Grieben: Sarstein (1973 m) von Obertraun über die Sarstein Alp
(5 St. Führer 3 fl) sehr lohnend.

Geuter: Sarstein (1973 m, 4 ¼ St. Südöstlich) von St. Agatha
bei Goisern rot-blau markierter Anstieg über die Pötschen-
straße und die Sarstein Niederalm. Lohnendes Panorama …
Abstieg in südlicher Richtung über die Vordere Sarstein und
die Hüttel-Alm nach Obertraun am Südostende des Hall-
stättersees.

Offensee

„Mittwoch den 19. d. gegen 7 Uhr abends kehrten Ihre Majestät
die Kaiserin, Frau Erzherzogin Marie Valerie und Begleitung
von einem mehrtägigem Aufenthalte im Jagdhause zu Offensee,

Klassische Salzkammergut-Szenerie: St. Wolfgang mit Wolfgangsee, um 1890. Photochromatischer Druck.

welcher Sonntag um 10 Uhr vormittags angetreten wurde, nach Ischl zurück." *(IWB)*

Grieben: Südöstliche von Ebensee, am Frauenweißenbach entlang, der bei Roith in die Traun einmündet, in 2 St. zum Offensee (751 m), 858 m lang, 759 m breit …

Greuter: In dem Gebirge südöstlich von Ebensee, 3 St. entfernt, liegt in einem Felsenkessel der Offensee, zu welchem die Straße bei der Haltstelle Steinkogl ostwärts einbiegt. Dann am Frauenweißenbache aufwärts an der Rechenstube vorbei, bei der Talteilung links dem Offenseebach folgend zur Offenseeklause und kurz darauf am k.k. Jagdschlösschen vorbei zum Offensee (651 m), der ebenfalls recht malerisch, weniger besucht ist, als die Langbathseen, weil der Ausflug mehr Zeit beansprucht, der Zugang zum See infolge dort stattfindenden Hofjagden häufig gesperrt ist und wohl auch, weil in der Nähe des Sees keine entsprechende Gaststätte vorhanden ist. Beim See befindet sich ein kaiserliches Jagdschlösschen, ein großes Ökonomiegebäude mit Jägerhaus, Kapelle usw., doch sind Erfrischungen daselbst nicht zu haben.

Rettenbach – Gamskogl

„Gestern morgens begaben sich die Kaiserin und Frau Erzherzogin Marie Valerie, begleitet von Hofrath Dr. Widerhofer und Frau v. Majlath zur Rettenbach-Alpe, von dort mit einem Jäger, Führer und mehreren Trägern zur Hinteralpe und auf den schönen, aussichtsreichen Gamskogl, wo man um 12 Uhr mittags anlangte. Nach längerem Aufenthalte bei herrlichstem Wetter wurde zur Rettenbach-Alpe abgestiegen, daselbst diniert und der Rückweg nach Ischl angetreten. Die Kaiserin und Erzherzogin Valerie legten die ganze circa 9stündige Tour zu Fuß zurück.“ (IWB)

Geuter: Hütten- oder Gamskogl (1409 m; 4 St.) von der Rettenbach-Alm nördlich auf steilem Reitweg zur Hütten-Alm und von hier in ½ St. zum Gipfel. Abstieg entweder über den Jaglingboden und die Mitteralm nach Ischl oder über die Dielau und Gimbach (5 St., Führer erforderlich) nach Steinkogl.

Hainzen

„Am Montag den 24 d. unternahmen die Kaiserin und Frau Erzherzogin Valerie in Begleitung der Hofdame Frau v. Majlath und des Hofarztes Dr. Kerzel mit einem Führer und mehreren Trägern die Tour auf den Hainzen (1637 m) und zurück über den sogenannten Feuerkogl zur Katrinalpe, wo diniert wurde, worauf der Abstieg über die Windengrabenalpe nach Laufen, die Ankunft daselbst um ½ 8 Uhr und sodann die Rückfahrt nach Ischl mittels bereitstehender Hofequipagen erfolgte. Der Ausflug war vom herrlichsten Wetter begünstigt, die Aussicht ungemein klar.“ (IWB)

Blick von der Katrin auf Bad Ischl. Heute führt eine Seilbahn auf die Katrin-Alm, auf der die Kaiserin anno 1888 gemütlich dinierte.

Grieben: Auf den Hainzen (1637 m), den höchsten Gipfel des Katergebirges, im Volksmunde „Kathrin", über den Lattenbachgraben durch die Kaltenbachau am Nussensee vorbei. Vom Gipfel der Sonnenaufgang wundervoll zu schauen. Aussicht auf den Dachstein, das Höllen-, Todten- und Tännengebirge, sowie auf den Hallstädter-, Wolfgang-, Zeller-, Schwarzen- und den Traunsee."

Quellen

Wanderkarte (S. 134/135)

Salzkammergut und Tirol Griebens Reisebibliothek Band 20, 1886. S. 34; Maßstab 1:300.000

Salzkammergut und Salzburg, Geuters Führer, 1910

Josef Rabl, Illustrirter Führer durch Salzburg, das Salzkammergut und Berchtesgadner-Land. Wien: Hartleben 1887

Ischler Wochenblatt 1887 und 1888

Alpenpost 1887 und 1888

Anmerkungen

[1] Gabriele Praschl-Bichler, Unsere liebe Sisi. Die Wahrheit über Erzherzogin Sophie und Kaiserin Elisabeth. Aus bislang unveröffentlichten Briefen, Wien 2008, S. 73f.

[2] Praschl-Bichler, S. 74.

[3] Therese Landgräfin Fürstenberg an ihre Schwester am 2.9.1867, Rechenberg Archiv, zit. nach Corti S. 183.

[4] Széchényi Nationalbibliothek, Budapest, Tagebuch Marie Festetics, 19.9.1872.

[5] Brief der Erzherzogin Sophie an ihre Schwester Marie, Königin von Sachsen, Abschrift der Hofdame der Erzherzogin Sophie, Paula Gräfin Königsegg, die sie im Auftrag der Erzherzogin Sophie an Gräfin Schönborn schickte. Veröffentlicht von J. Höger-Gudenus in der Reichspost vom 22.04.1934. Das Original ist tw. französisch verfasst, veröffentlicht wurde eine vollständig deutsche Übersetzung. Die Autorin übernahm die originale Schreibweise des Artikels, nur „Sissy" wurde aus Verständnisgründen abgeändert und in der historisch korrekten Schreibweise „Sisi" verwendet.

[6] Reichspost, S. 9.

[7] Ebenda.

[8] Tagebuch Hugo Freiherr von Weckbecker, Archiv Wilhelm Weckbecker und Erggelet.

[9] Ebenda.

[10] Reichspost, S. 10.

[11] Ebenda.

[12] Haus-, Hof- und Staatsarchiv, Nachlass Erzherzogin Sophie (Tagebücher), Karton 26, 1. Juli 1852 – 30. Dezember 1854, 18. August 1853.

[13] Reichspost, S. 10.

[14] Ebenda.

[15] Ebenda.

[16] Ebenda.

[17] Handschriftensammlung der Bayrischen Staatsbibliothek, Nachlass Richard Sexau, Materialien zur Biographie des Herzogs Carl Theodor in Bayern, Brief vom 19.8.1853.

[18] Praschl-Bichler, S. 78.

[19] Nachlass Erzherzogin Sophie, 19.8.1853.

[20] Reichspost (Anm.) S. 10.

[21] Praschl-Bichler, S. 79.

[22] Nachlass Erzherzogin Sophie, 1.9.1853.

23 Praschl-Bichler, S. 96.

24 Praschl-Bichler, S. 214.

25 Familienarchiv Grünne, Dobersberg. Zit. nach Brigitte Hamann, Elisabeth, Kaiserin wider Willen, S. 155.

26 Praschl-Bichler, S. 214.

27 Brief vom 4.6.1865, Praschl-Bichler, S. 228.

28 Brief vom 8.6.1865, Praschl-Bichler, S. 229.

29 Brief vom 19.9.1866, Praschl-Bichler, S. 240.

30 Constantin Christomanos, Tagebuchblätter. Erinnerungen des Hauslehrers von Kaiserin Elisabeth, Wien 2007, S. 34f.

31 Christomanos, S. 36f.

32 Wallersee, S. 54.

33 Irma Gräfin Sztáray, Aus den letzten Jahren der Kaiserin Elisabeth, Wien 1909, S. 4.

34 Haus-, Hof- und Staatsarchiv, Hofapotheke, Rezeptenbücher der k.k. Majestät und der Allerhöchsten Familie Bd. 55, 1887, S. 200.

35 Ebenda.

36 Hofapotheke, Rezeptenbücher der k.k. Majestät und der Allerhöchsten Familie. Band 55, S. 122.

37 Wallersee, S. 27.

38 Wallersee, S. 28.

39 Wallersee, S. 45.

40 Egon Caesar Conte Corti, Elisabeth. Die seltsame Frau, Salzburg-Graz 1941, S. 114.

41 Christomanos, S. 53f.

42 Nachlass Sexau, zit. nach Brigitte Hamann, Elisabeth, Kaiserin wider Willen, S. 329.

43 Haus-, Hof- und Staatsarchiv, Nachlass Corti.

44 Sztáray, S. 36.

45 Viktor Eisenmenger, Erzherzog Franz Ferdinand. Seinem Andenken gewidmet von seinem Leibarzt, Wien 1930, S. 77.

46 Sztáray, S. 161.

47 Tagebuch Marie Festetics, zit. nach Corti, S. 203.

48 Georg Nostitz-Rieneck, Briefe Kaiser Franz Josephs an Kaiserin Elisabeth, 2 Bde., Wien 1966, Bd. II, S. 435.

49 Schad, S. 121.

50 Schad, S. 126.

51 Schad, S. 66.

52 Christomanos, S. 63f.

53 Schad, S. 247.

54 Stephanie von Belgien, Ich sollte Kaiserin werden, S. 136f.

55 Corti, S. 324.

[56] Corti, S. 325.
[57] Festetics, 1.4.1882.
[58] Festetics, 27.5.1883.
[59] Corti, S. 322.
[60] Corti, S. 329.
[61] Sztáray, S. 167f.
[62] Christomanos, S. 10.
[63] Christomanos, S. 11.
[64] Christomanos S. 8.
[65] Schad, S. 121.
[66] Schad, S. 115.
[67] Laurenz Krisch, Kaiserin Elisabeth als Kurgast in Wildbad-Gastein. Schriftenreihe des Gasteiner Museums. Bad Gastein 1998, S. 25.
[68] Corti, S. 325.
[69] Schad, S. 53.
[70] Kaiserin Sissis Bergwanderungen im Ausseerland, Literaturmuseum Altaussee, 2012.
[71] Schad, S. 84.
[72] Christomanos, S. 119.
[73] Christomanos, S. 40.
[74] Brigitte Hamann (Hrsg.), Meine liebe, gute Freundin!, Die Briefe Kaiser Franz Josephs an Katharina Schratt, Wien 1992, S. 248.
[75] Schad, S. 64.
[76] Brief vom Juli 1890, Hamann, Schratt, S. 225.
[77] Franz Joseph am 11.7.1891 an Katharina Schratt, Hamann, Schratt, S. 250f.
[78] Nostitz-Rieneck, I, S. 226.
[79] Nostitz-Rieneck, I, S. 215.
[80] Schad, S. 70.
[81] Schad, S. 152.
[82] Schad, S. 194.
[83] Ebenda.
[84] Schad, S. 226.
[85] Schad, S. 232f.
[86] Schad, S. 235.
[87] Schad, S. 236.
[88] Schad, S. 273.
[89] Schad, S. 307.
[90] Schad, S. 117f.
[91] Wienbibliothek, Handschriftensammlung, Nachlass Heinrich Friedjung, Literarische Entwürfe, Marie Festetics (Gespräch mit Marie Festetics), 6.3.1913, fol. 138.

[92] Hamann, Schratt, S. 31.
[93] Hamann, Schratt, S. 32.
[94] Schad, S. 85.
[95] Hamann, Schratt, S. 95.
[96] Schad, S. 84.
[97] Hamann, Schratt, S. 95.
[98] Hamann, Schratt, S. 95f.
[99] Hamann, Schratt, S. 96.
[100] Hamann, Schratt, S. 96f.
[101] Jean Bourgoing, Briefe Kaiser Franz Josephs an Frau Katharina Schratt, Wien 1949, S. 132.
[102] Ebenda, S. 194.
[103] Schad, S. 147f.
[104] Bourgoing, S. 241.
[105] Hamann, Schratt, S. 250.
[106] Nostitz-Rieneck, S. 404.
[107] Sztáray, S. 4.
[108] Sztáray, S. 162.
[109] Nostitz-Rieneck, Bd. I, S. 55.
[110] Nostitz-Rieneck, Bd. I, S. 335f.
[111] Nostitz-Rieneck, Bd. II, S. 256.
[112] Sztáray, S. 199f.
[113] Nostitz-Rieneck, II, S. 423.
[114] Nostitz-Rieneck, II, S. 437.
[115] Nostitz-Rieneck, II, S. 444.
[116] Michael Kurz, unveröffentlichtes Typoskript. An dieser Stelle möchte ich mich herzlich bei meinem Kollegen Dr. Michael Kurz (Historiker, Bad Goisern) dafür bedanken, dass er mir sein Recherchematerial großzügigerweise für dieses Buch zur Verfügung gestellt hat.

Quellen und Literatur

Quellen

Österreichisches Staatsarchiv, Haus-, Hof- und Staatsarchiv:
Nachlass Erzherzogin Sophie, Tagebuch
Nachlass Egon Caesar Conte Corti

Hofapotheke:
54: Rezeptenbuch der k.k. Majestät und der allerhöchsten Familie,
1844–1886
55: Rezeptenbuch der k.k. Majestät und der allerhöchsten Familie,
Nachträge, 1844–1898
62: Rezeptenbuch Erzherzogin Elisabeth Marie (Fürstin Windisch-
grätz)
75: Rezeptenbuch Ida von Ferenczy, Stiftsdame, 1875–1897

Tagebuch der Gräfin Marie Festetics, Széchényi Nationalbibliothek,
Budapest
Memoiren Wilhelm Freiherr von Weckbecker, Archiv Wilhelm
Weckbecker und Erggelet
N. Friedjung, Gespräch mit Marie Festetics 6. März 1913, Wiener
Stadt- und Landesbibliothek

Literatur

Egon Caesar Conte Corti, Elisabeth. Die seltsame Frau, Salzburg-
Graz 1941
Egon Caesar Conte Corti, Elisabeth von Österreich. Tragik einer
Unpolitischen, Wien 1975
Egon Caesar Conte Corti, Hans Sokol, Franz Joseph. Im Abend-
glanz einer Epoche, Wien 1990
Constantin Christomanos, Tagebuchblätter. Erinnerungen des Haus-
lehrers von Kaiserin Elisabeth, Wien 2007
Viktor Eisenmenger, Erzherzog Franz Ferdinand. Seinem Andenken
gewidmet von seinem Leibarzt, Wien 1930
Sabine Fellner, Katrin Unterreiner, Rosenblüte und Schnecken-
schleim. Schönheitspflege zur Zeit Kaiserin Elisabeth, Wien 2006
Dies., Morphium, Cannabis und Cocain. Medizin und Rezepte des
Kaiserhauses, Wien 2008

Dies., Frühere Verhältnisse, Geheime Liebschaften in der k.u.k. Monarchie, Wien 2010

Otto Friedländer, Letzter Glanz der Märchenstadt. Wien um 1900, Wien 2002

Nora Fürstin Fugger, Im Glanz der Kaiserzeit, Wien 1980

Brigitte Hamann, Kronprinz Rudolf. Majestät ich warne Sie … Geheime und private Schriften, Wien 1979

Brigitte Hamann, Elisabeth. Kaiserin wider Willen, München – Wien 1981

Brigitte Hamann, Meine liebe gute Freundin. Die Briefe Kaiser Franz Josephs an Katharina Schratt, Wien 1992

Brigitte Hamann, Kaiserin Elisabeth. Das Poetische Tagebuch, Wien 1995

Eugen Ketterl, Der Alte Kaiser wie nur einer ihn sah, Wien 1980

Lutz Maurer, Mein Zauberberg. Kaiserin Elisabeths Bergwanderungen zwischen Ischl und Altaussee. Grundlseer Schriften Band 2, 1998

Gerda Mraz, Ulla Fischer-Westhauser, Elisabeth. Wunschbilder oder Die Kunst der Retouche, Wien 1998

Georg Nostitz-Rieneck, Briefe Kaiser Franz Josephs an Kaiserin Elisabeth, 2 Bde., Wien 1966

Gabriele Praschl-Bichler, Unsere liebe Sisi. Die Wahrheit über Erzherzogin Sophie und Kaiserin Elisabeth. Aus bislang unveröffentlichten Briefen, Wien 2008

Martha und Horst Schad, Marie Valerie. Das Tagebuch der Lieblingstochter von Kaiserin Elisabeth von Österreich, München 1998

Franz Schnürer, Briefe Kaiser Franz Josephs I. an seine Mutter 1838–1872, München 1930

Irma Gräfin Sztáray, Aus den letzten Jahren der Kaiserin Elisabeth, Wien 1909

Katrin Unterreiner, Sisi, Mythos und Wahrheit, Wien 2005

Dies., Kronprinz Rudolf. „Ich bin andere Wege gegangen …“, Wien 2008

Dies., Sisi. Kaiserin Elisabeth von Österreich. Ein biographisches Portrait, Freiburg 2010

Dies., Franz Joseph I. Mythos und Wahrheit, Wien 2006

Maria Freiin von Wallersee, Meine Vergangenheit, Berlin 1913

Maria Freiin von Wallersee, Kaiserin Elisabeth und ich, Leipzig 1935

Weissensteiner Friedrich, Lieber Rudolf. Briefe von Kaiser Franz Joseph und Elisabeth an ihren Sohn, Wien 1991

Bildnachweis

Willfried Gredler-Oxenbauer: 25, 46, 53, 69, 74, 123, 180, 188
Österreichisches Staatsarchiv, Haus-, Hof- und Staatsarchiv: 18, 43, 44
Literatur- und Heimatmuseum Altaussee: 100 (rechts)
Kunsthistorisches Museum Wien: 50/51
Bundesmobilienverwaltung, Sammlung Bundesmobilienverwaltung,
Sammlung Hofmobiliendepot: 129
Dorotheum Wien, Auktionskatalog 26. 4. 2005: 105
IMAGNO/Schloß Schönbrunn Kultur- und Betriebges. m. b. H.: 67,
89, 90 (oben und unten), Umschlagbild hinten
IMAGNO/Austrian Archives: Porträt Umschlagbild, 6, 49, 63, 133
(oben)
IMAGNO/ÖNB: 4, 8, 17, 22, 27, 28, 29, 32/33, 34, 36, 38, 54/55, 72,
76/77, 85, 94, 98, 118, 138, 139, 140
IMAGNO/Gerhard Trumler: 52 (oben und unten)
Library of Congress, Digital Collection: 136, 157, 160, 162, 172, 177
Sammlung Rauch/Interfoto/picturedesk.com: 13;
Angerer, Ludwig/Österr. Nationalbibliothek/picturedesk.com: 68;
akg-images/picturedesk.com: 14, 152; Anrather, Oskar/Österr.
Nationalbibliothek/Picturedesk.com: 143, 148/149;
Österr. Nationalbibliothek/picturedesk.com: 145
Monika Levay: 59, 91
Rebasso (Wien): 40
Sammlung Hänsel: 11, 30, 92/93, 130 (oben), 131, 132
Sammlung Sachslehner: 96, 130 (unten), 133 (unten), 168
Sammlung Michael Kurz: 71, 170
Josef Rabl, Illustrirter Führer durch Salzburg, das Salzkammergut und
Berchtesgadner Land (Wien 1887): 86, 87, 106, 142, 165
Eugen d'Albon (Hg.), Im Zeichen der Myrte (Wien 1890): 121
© O. Slezak-Verlag: 158 (Aus dem Buch: Josef O. Slezak, Von Salz-
burg nach Bad Ischl. Die Salzkammergut-Bahn. Wien 1995)
Wikimedia Commons: 3 (Urheber: Hugo Gerard Ströhl), 56 (Foto:
Sigmunds), 82, 95 (Foto: Immanuel Giel), 179 (Foto: Peterburg 23)
Privatbesitz: 21, 100 (links), 102, 108, 111, 112, 115, 116
Archiv Pichler Verlag: 124/125
Gestaltung der Karte auf Seite 134/135: Michael Kurz

Autorin und Verlag bedanken sich für die freundlichen Abdruckge-
nehmigungen.

Danksagung

Ich möchte mich bei allen,
die mich bei der Entstehung dieses Buches
unterstützt haben, bedanken –
allen voran Dr. Michael Kurz, von dem die Recherchen
zu den Wanderungen der Kaiserin Elisabeth
im Salzkammergut stammen und der mir seine
noch unpublizierten Ergebnisse für dieses Buch
zur Verfügung gestellt und die Wanderkarten
erstellt hat.

Anhand bisher unbekannter Quellen aus erstmals geöffneten Privatarchiven begibt sich diese neue Biografie auf die Spur des Thronfolgers und zeichnet seinen Weg bis zur Tragödie in Mayerling nach. Rudolfs bürgerlich-liberal geprägte Erziehung, seine politische Einstellung, die in krassem Gegensatz zur Politik des Wiener Hofes stand, sein gescheiterter Kampf um Anerkennung durch seinen Vater, seine unglückliche Ehe mit Stephanie von Belgien, zahlreiche Liebschaften, Geschlechtskrankheiten, sowie Alkohol und Drogen machten Rudolf mit 30 Jahren zu einem verzweifelten Menschen. Am 30. Jänner 1889 kam der Kronprinz mit seiner letzten Geliebten, der siebzehnjährigen Baronesse Mary Vetsera in seinem Jagdschloss Mayerling ums Leben – ein Tod, der nach wie vor viele Fragen aufwirft.

Katrin Unterreiner
KRONPRINZ RUDOLF
„Ich bin andere Wege gegangen"
Eine Biografie

256 Seiten, 13,5 x 21,5 cm
Hardcover mit SU
€ 24,95 · ISBN: 978-3-222-13253-7

styria premium

640 Jahre lang bestimmten die Habsburger als römisch-deutsche Könige, Kaiser des Heiligen Römischen Reiches und Kaiser von Österreich die Geschicke Europas und der Welt. Dieser kompakte Überblick erzählt ihre faszinierende Geschichte.

Katrin Unterreiner
DIE HABSBURGER
Eine europäische Dynastie im Porträt

96 Seiten, 19,5 x 27,5 cm
Broschur
€ 12,99 · ISBN: 978-3-85431-564-3

Elisabeth, Kaiserin von Österreich, Apostolische Königin von Ungarn, von ihrem Mann Franz Joseph liebevoll „Sisi" genannt, fasziniert bis heute, ihr bewegendes Schicksal wurde zum Mythos. Das packende Porträt einer außergewöhnlichen Frau, die auf Unabhängigkeit und Individualität bedacht war und ihr Leben der Schönheit und Poesie weihte.

Katrin Unterreiner
SISI
Kaiserin Elisabeth von Österreich

64 Seiten, 19,5 x 27,5 cm
Broschur
€ 12,99 · ISBN: 978-3-85431-614-5

ISBN: 978-3-7012-0140-2

styria

© 2013 by Styria regional in der
Verlagsgruppe Styria GmbH & Co KG
Wien · Graz · Klagenfurt
Alle Rechte vorbehalten

styriabooks.at

Covergestaltung: Bruno Wegscheider
Produktion und Gestaltung: Alfred Hoffmann

Druck und Bindung:
Duckerei Theiss GmbH, St. Stefan im Lavanttal

1 3 5 7 6 4 2

Printed in Austria